トラブル事案にまなぶ

『泥沼』相続争い

解決・予防の手引

元家事調停官・弁護士
加藤剛毅　著

中央経済社

はじめに

相続トラブルは初期対応が大事！

相続事件は、多数の当事者をめぐる複雑な権利関係を扱うものであり、法律的に難しいということもあるのですが、それ以上に重要なことは、各相続人間の人間関係、感情の問題が事件の行方に非常に大きな影響を及ぼすということです。

このため、弁護士の立場としては、依頼者だけでなく、相手方に対しても、その気持ちや想いに対する配慮を怠り対応を誤るようなことがあれば、その後の結果が全く異なってしまうことも多々あります。たとえば、他の相続人からの協力を得られない場合、相続財産の調査や結論に大きな影響を与えてしまいます。

では、どうすれば協力を得られるのか？

正解があるわけではないですが、やはり正攻法としては、相手方とのファーストコンタクトの段階、具体的には最初のお手紙を出す段階から礼節をもって接し、誠実に対応することに尽きるのではないかと考えています。

このように、相続事件では特に初期対応が重要となります。

私は、相続事件を専門的に扱う弁護士として、依頼者の想いや心情に寄り添いながらも、初期対応の重要性を忘れることなく、紛争の解決に向けて着実に前進していくという心構えをもって、一つひとつの案件に真摯に向き合っています。

この本を書こうと思った動機

私は、これまでに200件以上の相続事件に携わり問題解決をしてきましたが、それらのうちの紛争案件については、「生前の対策をきちんとしていれば、このような泥沼の紛争にはならなかったのに」と感じるものばかりでした。

昨今、一時の相続ブームは去りましたが、それでも近時の相続法の改正などにより依然として相続問題や「終活」は関心が高く、書店に行けば相続関係の書籍がたくさん並んでいます。

ただ、そのような相続関係の本をみてみると、税理士やファイナンシャルプランナーの方が書いた相続税対策を中心としたもの、あるいは、他の士業や、中には怪しげな自称相続コンサルタント・無資格者が書いた相続手続の解説などに偏ったものが多いと感じました。

そこで私は、これまで私が解決してきた200件以上の実際の事件の一つひとつを丁寧に振り返り、改めて精査・分析してみました。そしてその分析結果をもとに、若干の再構成を加えたオリジナルのストーリーをご紹介することで、

① 現在、まさに紛争に巻き込まれている方々には紛争解決の糸口・方法を知っていただきたい。

② ご自分の死後のご家族の紛争を避けたいと考えている方々には、生前に対策をとらないと、残されたご家族が不幸になってしまうおそれがあることを知っていただきたい。

③ 紛争を未然に防止するために、生前の対策を実行するための一つのきっかけとしていただきたい。

と考え、紛争解決の唯一の士業専門家である弁護士ならではの視点で、相続に関する「紛争の解決」と「紛争の未然防止」に特化した内容の本を書きたいと思うに至りました。

相続を「争族」にしないために、多くの皆様に本書を有効活用していただければ幸いです。

なお、本書を執筆するにあたっては、多くの文献等を参照させていただきました。中でも、「片岡武・管野眞一編著『第3版　家庭裁判所における遺産分割・遺留分の実務』(日本加除出

版)」と「片岡武・金井繁昌・草部康司・川畑晃一著『第2版　家庭裁判所における成年後見・財産管理の実務』(日本加除出版)」は、事あるごとに参照させていただきました。これらの書籍は、我々のような相続案件を専門的に扱う弁護士にとって座右の名著であり、日々の事件処理にあたって常に参考にさせていただいております。

本書はいわゆる専門家向けの学術書ではなく一般の方向けの書物ですので、その性質上、本文中に逐一明記することはしませんでしたが、ここに記して深く感謝申し上げる次第です。

◉もくじ―トラブル事案にまなぶ「泥沼」相続争い 解決・予防の手引

第2章

「泥沼」相続争いの事件簿［遺留分・その他編］

第3章

今からでも遅くない！「争族」にならないための生前対策

第1章

「泥沼」相続争いの事件簿

［遺産分割編］

1　亡くなった父親の遺産分割をめぐり、母親と実兄との間で感情的な対立が！

教訓
・依頼者の想いや言い分をきちんと聞き出して主張・立証すべし。
・依頼者の言い分を裁判所がどう考えるか、粘り強く依頼者に説明すべし。

感情的な対立が激しく、家庭裁判所に調停を申し立てることに

依頼者は50代の男性で、ご夫婦で相談にいらっしゃいました。

お話を伺うと、亡くなった父親の相続人は、依頼者と依頼者の母、そして、依頼者の兄の3

名でした。

依頼者の兄は、亡くなった父親が所有する土地の上に自宅を建てて住んでいたのですが、遺産のうちの預貯金等の有無及び金額が不明で、しかも、兄から任意に開示されなかったために不信感が募っていました。

このように、相手方が財産を開示しなかったり隠したりすると、不信感を募らせることになってしまいます。

ご相談の結果、当事者間の感情的な対立が激しかったため、当事者同士でこれ以上話し合いをしても解決する見込みはないと判断し、速やかに家庭裁判所に遺産分割調停の申立てをする方針を立てて正式にご依頼を受けました。

調停申立て後に判明した不審な預金の引出し!?

調停の申立てをすると、相手方である兄と母にも弁護士が代理人に就き、相手方から預貯金等がようやく、開示されました。

しかし、その預貯金口座の取引履歴をみてみると、被相続人である亡き父の預金口座から数年間にわたり、不自然かつ多額のお金（総額で５０００万円以上）が引き出されていました。

そこで、この使途不明金等をめぐり、当方から、相手方の**「特別受益」**ではないかという主張をすると、今度は相手方からは、亡き父の生前に身の回りの世話をしたなどの理由で**「寄与分」**の主張をされ、双方で主張の応酬となりました。

また、遺産である不動産の評価額も争いとなり、話し合いでの解決が困難となったため、やむなく調停は不成立となり、審判手続に移行しました（遺産分割調停は、裁判所が話し合いでの解決の見込みがないと判断すると不成立となり、自動的に審判という手続に移行します）。

審判手続で問題となった3つの争点

「審判」という手続は、厳密には「訴訟（裁判）」とは異なります。

もっとも、審判も当事者双方が主張・立証をし、最終的に裁判所が証拠に基づいて事実を認定して一定の判断を下すという点で、訴訟（裁判）に似た手続です。

審判手続の中では、①不動産の評価額、②特別受益の有無及び金額、③寄与分の有無及び金額の3点が争点になりました。

① 不動産の評価額は？

まず、①の不動産の評価額については、当方からは、知り合いの不動産鑑定士に鑑定評価を依頼し、鑑定評価書を証拠として提出しました。

他方、相手方は不動産会社の価格査定書を提出してきましたので、最終的には双方の金額の中間値を評価額とすることで合意しました。

不動産の評価額が争点になる場合、本件のように不動産鑑定士に鑑定評価を依頼することの他、双方が不動産会社の価格査定書を提出し、その平均額を評価額とすることで合意することも多いです。

また、不動産会社の査定価格と相続税評価額（路線価）との中間値を評価額とする方法や、相続税評価額（路線価）をそのまま評価額とする方法などもあります。

② 特別受益は？

次に、②特別受益の有無及び金額についてですが、相手方である兄が、遺産である被相続人名義の土地の上に自分名義の建物を建てて長年にわたり住んでいたので、当方が主張したとおり、遺産である土地を長年にわたり無償で利用したことが特別受益にあたると認められました。

この場合、土地を無償で使用したことで得た利益としては、一般的には更地価格の1～3割程度と評価されることになります。

この他、使途不明金については、当方の粘り強い主張・立証活動により裁判官の説得に成功し、一定の金額については、相手方に対する生前贈与があったものとして特別受益として認めてもらうことができました。

③ 寄与分は？

最後に、③寄与分の有無及び金額についてです。

相手方は、被相続人を介護したことについて寄与分の主張をしていました。

しかし、寄与分が認められるためには「特別の寄与」であることが必要であり、かつ、そのことにより、被相続人の遺産が維持又は増加したことまで立証しなければならないため、後述するとおり（24頁以下）、一般的には非常にハードルが高いです。

本件でも、その立証がなされていないと裁判官に判断され、相手方の寄与分の主張は認められませんでした。

そして調停成立へ

このように3つの争点について、一つずつ粘り強く解決していき、最終的に当事者の納得を得られ、調停成立で事件終了となりました（一度、審判手続に移行しても、話し合いでの解決が可能であれば、いつでも調停手続に戻すことが可能です）。

この事件では、依頼者の言い分をきちんと主張し立証することで、依頼者の感情的な不満を十分に吐き出してもらうとともに、裁判官が審判を出すときの最終的な結論を見据えたうえで、落としどころを粘り強く依頼者に説明したことが事件解決のポイントだったと考えています。

CHECK!

不動産の評価額

「不動産の評価額」には4種類ありますが、遺産の中に不動産があると、必ずといってよいほど、不動産の評価額が争いとなります。

不動産の評価額には、時価（実勢価格）、公示価格、相続税評価額（路線価）、固定資産（税）評価額という4つの種類があります。

公示価格は、国土交通省が特定の標準地について毎年公示する価格であり、いわゆる正常な価格（自由公開市場で取引が行われるとした場合において、その取引において通常成立すると認められる価格）として算出され、時価（実勢価格）に近いとされています。

相続税評価額（路線価）は、相続税・贈与税の算出の基準となる価格であり、路線価方式・倍率方式のいずれかにより算出されています。この路線価については、公示価格の80％を目処に設定されています。

固定資産（税）評価額は、固定資産税の課税標準額を定める基準となる価格であり、公示価格の70％を目処に設定されています。

遺産分割での不動産の評価は、原則としてその不動産の時価を基準としますが、当事者双方が合意すれば、必ずしも時価を基準とする必要はありません。

この点、不動産の時価は公示価格に近いとされているため、相続税評価額（路線価）を80%で割り戻したり、固定資産（税）評価額を70%で割り戻したりして概算額を算出することもあります。

これまでの経験を踏まえた私の感覚では、土地については、双方が複数の不動産会社の査定書を提出し、その査定価格の平均額を評価額とする方法、不動産会社の査定価格と相続税評価額（路線価）との平均額を評価額とする方法などが多いです（なお、不動産鑑定士に鑑定評価書を依頼することもありますが、相応の費用がかかるため、実務上は不動産会社の無料の査定書を利用することが多いです）。

他方、建物については新築の一戸建てやマンションであれば別ですが、遺産となる建物は通常、かなりの築年数を経ていることが多いので、評価額をゼロとするか、評価額を計上するとしても固定資産（税）評価額を計上することがほとんどです。

特別受益

「特別受益」とは、被相続人が特定の相続人に生前贈与等をしていた場合、実質的には遺産の先渡しをしたことになり、そのままでは相続人間で不公平になってしまうので、生前贈与された財産を金額に評価して、その価格を相続財産に加算（「持ち戻し」といいます）して、相続分を算定し、相続人間の公平を図る制度のことをいいます。

特別受益が認められるためには証拠が必要となりますので、相手方に特別受益があることを主張する場合には、それを裏付ける証拠として何があるのかを精査することが必要です。

寄与分

「寄与分」とは、相続人の中に、被相続人の財産を維持又は増加させたことについて特別の寄与（通常期待される程度を超える貢献）をした者がいるときに、相続財産からその者の寄与分を控除したものを相続財産とみなして一応の相続分を算定し、その算定された一応の相続分に寄与分を加えた額をその者の具体的相続分とすることで、その者に相続財産のうちから相当額の財産を取得させ、相続人間の公平を図る制度のことをいいます。

寄与分には次のような類型があります。

① 家業従事型：無報酬又はこれに近い状態で、被相続人が経営する自営業に従事する場合
② 金銭等出資型：被相続人に対し財産の給付を行う場合

③　療養看護型：無報酬又はこれに近い状態で病気療養中の被相続人の療養看護を行なった場合
④　扶養型：無報酬又はこれに近い状態で、被相続人を継続的に扶養した場合
⑤　財産管理型：無報酬又はこれに近い状態で、被相続人の財産を管理した場合

寄与分を認めてもらうためには非常にハードルが高いので、認められる見込みがないのに安易に主張をすると、いたずらに紛争を長期化させてしまうおそれがあります。このため、寄与分を主張する場合は、それが認められる可能性があるのか、事前の十分な検討が不可欠でしょう。

なお、寄与分の詳細については106頁以下もご参照ください。

コラム　増え続ける遺産分割事件

相続トラブルは、近年、増加傾向にあります。

1997年時点で年間10298件であった遺産分割調停・審判件数は、2017年には16016件に増えています。

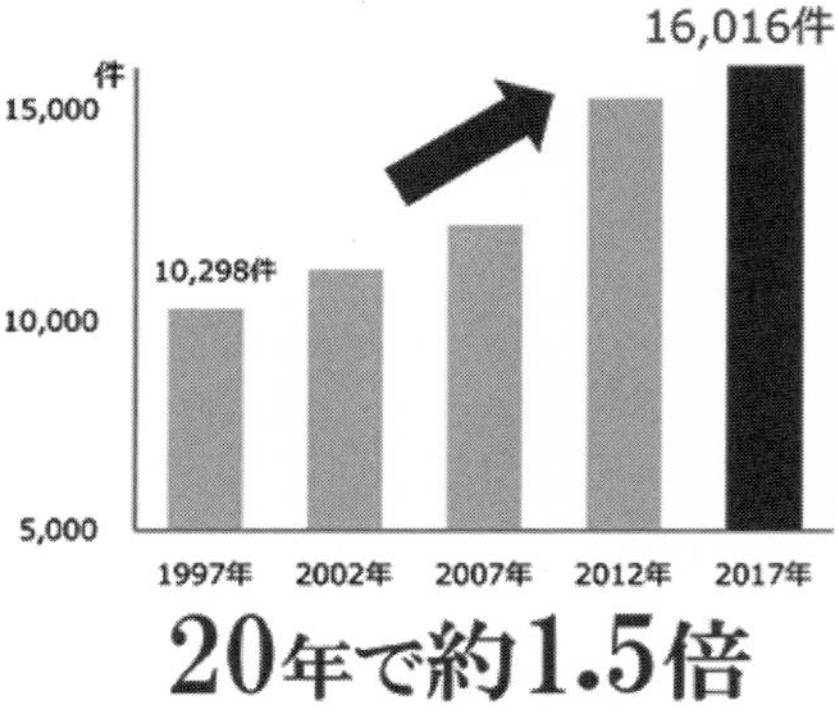

（出典）平成29年　最高裁判所　司法統計年報（家事事件編）

様々な要因が考えられますが、主として次の2つが挙げられます。

①高齢化に伴い、相続の発生件数自体が増加傾向であること、②核家族化が進み、家族間のコミュニケーションが希薄になっていることです。

また、裁判所への相談件数も年間で約17万件に上っています。

「相談」とは、調停手続など遺産分割に関する法的手続等について問い合わせをすることで、調停等の一歩手前の段階までこじれている状態ということができます。家庭裁判所の調停にまでは至らない潜在的な相続トラブルはもっと多く発生しているものと推測されます。

2　兄弟間の骨肉の争いのため最終的な解決までに5年も!?

教訓
・「遺産の範囲」で争いが生じたら、「遺産確認請求訴訟」を提起すべし。
・裁判所の考え方を理解し、最終的な見通しを依頼者に説明して納得を得るべし。

感情的な対立が激しく、家庭裁判所に調停の申立てをしたが……

依頼者は40代の男性でした。

亡くなった父親の遺産分割をめぐり、亡き父と同居していた実兄が亡き父を虐待していた疑いもあり、依頼者の実兄に対する憎しみの感情は非常に強く、とても円満に話し合える状況ではありませんでした。

感情的な対立が非常に激しく、とても円満に話し合える状況ではなかったことから、ともかくにも、家庭裁判所に遺産分割調停の申立てをしました。

しかし、遺産分割調停の中で遺産の範囲に争いが発生してしまいました。

具体的には、当方が遺産であると主張していた実家の土地や現金について、相手方は、亡き父の生前に父親から贈与を受けていたので、既に自分のものであって、遺産ではないと主張したのです。

「遺産の範囲」に争いが生じて、「遺産確認」の裁判へ

遺産分割調停は、まず誰が「相続人」なのか、何が「遺産」なのかを確定し、確定した遺産をどのように分割するかについて相続人が話し合う場です。

このため、何が「遺産」なのか、つまり「遺産の範囲」に争いが生じてしまうと、それ以上調停を進めることができなくなってしまいます。

そこで、やむなく調停はいったん取り下げ、遺産の範囲を確定するための「遺産確認請求訴訟」を提起しました。

「遺産の範囲」が確定。再度、遺産分割調停・審判へ

この訴訟で相手方が勝つためには、自分が父親から土地や現金について生前贈与を受けていたという主張を裏付けるための証拠を裁判所に提出する必要がありました。

この訴訟は、訴訟を提起してから判決が出されるまで約2年と長引きましたが、相手方が自らの主張を裏付ける決定的な証拠を提出できなかったため、当方が一審で概ね勝訴することができました。

これに対し、相手方は控訴しましたが、高裁では相手方の控訴が棄却され、最終的には当方の一部勝訴が確定しました。

こうしてようやく遺産の範囲が確定したため、再度、家庭裁判所に遺産分割調停の申立てをしました。

しかしやはり、依頼者と実兄の感情的な対立が激しく、議論は平行線のまま調停は不成立となり審判手続に移行しました。

争点は土地の分け方

本件の争点は遺産である先祖代々の土地の分割方法で、依頼者はこの先祖代々の土地をとても大切に思っていました。

具体的には、道路に面して左右（東西）に分けるか、手前と奥（南北）に分けるかというもので、依頼者は公平の観点から道路に面して左右（東西）に分けるべきと主張する一方、相手方は、左右（東西）に分けると間口が狭くなってしまうので手前と奥（南北）に分けるべきと主張しました。

しかし、双方の感情的な対立から議論は平行線のまま膠着状態となってしまい、容易に折り合いがつきませんでした。

裁判所の出す結論（審判）の見通しは？

そこで、私は、先祖代々の土地をとても大切にしている依頼者の想いに寄り添いながらも、最終的に裁判官が遺産分割について審判を出す場合の結論の見通しについて考えました。

すなわち、遺産の分割方法には、①**「現物分割」**、②**「代償分割」**、③**「換価分割」**及び④**「共有**

分割」の4種類あり、裁判官が審判を出す場合、法律では、この①～④の順番で検討することになっています。

本件の場合、双方が土地の分割方法（①現物分割）に合意できないときは、裁判官は次に、②「代償分割」が可能かどうか検討します。

しかし、代償分割は、「代償金」が支払えることが確実でなければ審判を出すことができないところ、本件では、依頼者にそのような資力はなく、その点が確実とはいえませんでした。

そうすると、このまま双方が土地の分割方法に合意できない場合、裁判官は、おそらく③「換価分割」の審判を出すことが予想されました。

要するに、「土地を売却して、売却代金を分配せよ」という審判が出されることになってしまうのです。

依頼者への説明と説得、そして納得へ

私は、裁判官が出すことが予想されるこのような結論（審判）を見据えたうえで、依頼者に対し、「このまま分割方法に合意ができずに裁判官が審判を出すことになれば、換価分割となってしまい、〇〇さんは先祖代々の大事な土地を失うことになってしまいます。それは何としてて

も避けなければなりませんよね。だとすれば、大変悔しいかもしれませんが、相手方の希望する手前と奥とで分ける分割方法を受け入れるしか方法はないと考えています」と、繰り返し粘り強く説明・説得しました。

すると依頼者は、最後には譲歩することに同意してくれることになり、審判が出されることなく調停成立で事件終了となりました。

この事件は、①調停→②裁判（一審）→③裁判（控訴審）→④調停→⑤審判→⑥調停成立という経過をたどったため、私が依頼を受けてから最終的に解決するまでに約5年を要しました。

私のこれまでの経験の中でも、最も解決に時間を要した事件であったため、調停が成立したあとに裁判所からの帰路に着く道すがら、その依頼者から「とても感情的になってしまって、長い間、先生にも大変ご迷惑をおかけしましたが、ようやく終わってすっきりしました。これまで、本当にありがとうございました」と笑顔でおっしゃっていただけたのが、今でもとても印象に残っています。

CHECK!

現物分割

「現物分割」とは、個々の財産の形状や性質を変更することなく分割することをいいます。この方法が原則的方法となります。ただ実際には、不動産については現物分割が難しいことも多いです。

代償分割

「代償分割」とは、一部の相続人に法定相続分を超える額の財産を取得させたうえで、他の相続人に対する債務を負担させる（代償金を支払う）方法をいいます。

現物分割が不可能な場合など、特別の事情があるときであって、債務を負担する（代償金を支払う）相続人にその資力がある場合に認められます。

私のこれまでの経験からみたざっくりとした印象では、不動産が遺産に含まれる場合には、この代償分割による分割方法が最も多いように思います。

換価分割

「換価分割」とは、遺産を売却等で換金（換価処分）したあとに、その金銭を分配する方法をいいます。審判では遺産の「競売」が命じられ、民事執行の手続に従って競売手続が進められることになります。

代償分割が難しい場合にはこの方法によることになりますので、調停が不成立で審判になると、この換価分割になることが多いです。

共有分割

「共有分割」とは、遺産の一部又は全部を、各相続人の具体的相続分による共有取得とする方法をいいます。

この共有分割は、問題の先送りにすぎず、根本的な紛争の解決にならないことから、現物分割、代償分割、換価分割のいずれも困難な状況にある場合や当事者が共有分割を希望している場合などの限定的な場面での最後の手段とされています。

コラム

相続トラブルの約75％は遺産額が5000万円以下!?

相続財産で争っている金額の割合ですが、5000万円以下の比較的少額の遺産で争っているケースが約75％も占めています。

相続問題というと、テレビドラマや映画などの影響もあるのか、何億円という莫大な遺産を保有している資産家や富裕層だけに限られた問題だと思われがちですが、実際にはそうではありません。

私がこれまでに担当した案件の依頼者の皆様も、ごくごく一般的なご家庭の方々ばかりです。

このように、相続トラブルは誰にでも起こりうる問題であり、だからこそ、残されたご家族の不幸なトラブルを防ぐための対策は、誰もがお元気なうちに考えておくべき課題であるといえるでしょう。

遺産価格別事件割合

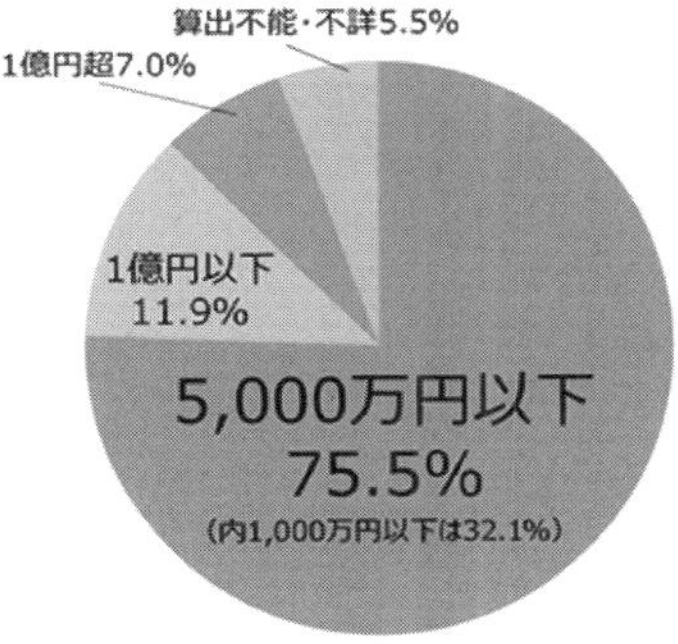

（出典）最高裁判所「平成29年度　司法統計年報（家事事件編）」

3　相続人が行方不明!?

教訓
・行方不明の相続人は早期に所在調査すべし。
・どうしても所在が判明しない場合は「不在者財産管理人」を選任すべし。

ケース①　行方不明の相続人が所在調査で判明……。その場所とは？

依頼者は60代の男性でした。

依頼者によれば、相続人のうちの1名が行方不明であり、遺産分割協議が進められないとのことでしたので、相続人の所在調査及びその後の遺産分割協議の代理業務を受任することになりました。

依頼者によると、行方不明の相続人は薬物犯罪で実刑判決を受け、全国のどこかの刑務所にて服役中とのことでした。

そこで、私は**「弁護士法に基づく照会制度」**を利用し、弁護士会を通じて法務省の担当部署に照会したところ、２か月ほどでその相続人が収容されている刑務所が判明しました。

とある刑務所に収容されていた当該相続人は、何度か刑務所で服役したことのある人でお金に困っていることもあり、依頼者が当該相続人に支払う予定の代償金の金額面で、かなりしつこくごねてきました。

しかし、私は依頼者の代理人として、当該相続人と郵送で書面のやりとりを粘り強く続けました。分割協議が決裂した場合には家庭裁判所の調停になること、調停に出頭できない場合には裁判所が審判を出すこと、裁判所が審判を出す場合に予想される内容を説明したところ、最後には説得することに成功し、何とか遺産分割協議を成立させることができました。

本件では、行方不明者がいたにもかかわらず、行方不明の相続人の現在の居場所に関して一定の情報を得られ、弁護士法に基づく照会制度を利用して相続人の所在を突き止めることができたことが、受任してから約１年弱という比較的早期の解決につながったポイントであったと考えています。

ケース② 行方不明の相続人の所在が判明せず、「不在者財産管理人」を選任！

依頼者は70代の女性でした。

依頼者によれば、相続人が8名と比較的多く、かつ、疎遠な方が多いために伯母の遺産分割が未了で、遺産である不動産の固定資産税の納付書が相続人代表者として依頼者のもとに送られてきていて、ずっと自分が立て替えて支払っているのを何とかしたい、とのことでした。

本件は、相続人が比較的多く、かつ、疎遠な方が多いことから、私は最初から家庭裁判所に遺産分割調停の申立てを行う方針を依頼者に説明し、受任しました。

受任後、必要書類一式をそろえて、家庭裁判所に遺産分割調停の申立てを行いました。

すると、裁判所から、相続人のうちの1人について、裁判所からの書類が届かずに戻ってきてしまうので、当該相続人の所在調査をしてほしいとの要請がありました。

このため、私はその行方不明者の最後の住所地に赴き、その住宅（アパート）の呼び鈴を押しましたが応答はありませんでした。仕方なく近所のお宅を訪ねインターホン越しにその方の行方を尋ねましたが、知らないとのことでした。

結果的に所在が判明しませんでしたので、私は所在調査の結果を裁判所に書面で報告するとともに、やむなく当該所在不明の相続人のために、家庭裁判所に**「不在者財産管理人」**の選任の申立てを行い、知人の司法書士を管理人候補者として推薦し、不在者財産管理人を選任してもらいました。

その後、不在者財産管理人を含む他の相続人らと調停における話し合いを進めた結果、何とか調停成立に漕ぎ着けることができました。

本件では、相続人の数と依頼者との関係性を踏まえて最初から家裁に調停の申立てをしたこと、その後速やかに不在者財産管理人選任の申立てをしたことが、受任してから約1年と比較的早期の解決につながったポイントであったと考えています。

CHECK!

弁護士法に基づく照会制度

「弁護士法に基づく照会制度」とは、弁護士法23条の2に基づくもので、弁護士会が官公庁や企業などの団体に対して必要事項を調査・照会する制度をいいます。

不在者財産管理人

「不在者財産管理人」とは、行方不明者がいる場合に、行方不明者の財産を本人に代わって管理する者のことで、利害関係人等の請求により家庭裁判所が選任します。

遺産分割は相続人全員で行う必要があるため、相続人の中に行方不明の者がいる場合、その者に代わって財産を管理する不在者財産管理人を家庭裁判所に選任してもらう必要があります。不在者財産管理人は、申立人が候補者を推薦すると、裁判所は特段の問題がない限り、申立人が推薦した候補者を管理人に選任してくれます。

コラム　弁護士による所在調査の限界

相続事件を扱っていると、しばしば行方不明者に遭遇します。

このような場合には、当該対象者の戸籍謄本を取り寄せ、その本籍を頼りに市区町村役場から「戸籍の附票」という書類を取り寄せます。

「戸籍の附票」には住所の変遷が記載されており、現在、住民登録している地が判明します。

もっとも、当該対象者が住民票の届け出をしないで行方をくらました場合には、それ以上調査することは難しくなります。このように、弁護士による所在調査にも限界があるのです。

本文中でご紹介したように、最後の住民票上の住所に行って近所の人から聴き取りをする方法や、親族を探して行方を尋ねる方法などにより調査をすることになります。このような方法でも行方が判明しない場合には、前述のとおり、不在者財産管理人の選任申立てをすることになります。

なお、相続人が外国にいる場合でも、相続人の所在が判明していれば、手紙や書類を郵便でやりとりすることができます。

4　相続人のうちの1人が認知症を発症してしまったら!?

教訓
・認知症で判断能力のなくなった相続人がいたら、早期に成年後見人を選任してもらうべし。

ケース①　成年後見人の選任

依頼者は60代の女性でした。

依頼者によれば、相続人のうちの一人が認知症に罹患し、判断能力がなくなってしまったため、今後の遺産分割協議をどのように進めればいいか困っているとのことでした。

そこで、私は、**「成年後見人」**選任の申立て及びその後の遺産分割協議の代理業務を受任しました。

まず、当該相続人の成年後見人を選任してもらうため、私は医師の診断書等の必要書類一式をそろえたあと、速やかに家庭裁判所に後見開始審判の申立て（成年後見人選任の申立て）を行いました。

申し立て後、2か月程度の審理期間を経て、家庭裁判所は当該相続人に後見人を選任する旨の審判を出してくれました。

ちなみに、この後見人は親族間の紛争がある場合は、当事者と利害関係のない第三者である弁護士や司法書士が選任されることになり、本件でも利害関係のない弁護士が選任されました。

遺産分割協議へ

そのあと、私は依頼者の代理人として、家裁から選任された後見人を含む他の相続人らと遺産分割協議を進め、比較的早期に遺産分割協議が成立しました。

本件では、速やかに家裁に成年後見人の選任申立てを行い、家裁から成年後見人を選任してもらったことが、早期解決のポイントであったと考えています。

ケース② 相続人の一人が認知症だったため遺産分割協議は無効!?

依頼者は50代の男性でした。

依頼者によれば、数年前に行なった亡き父の遺産分割協議について、当時の相続人である母親と子２名（依頼者である長男と長女）のうちの母親が認知症であったことを理由に、その数年後に亡くなった母親の遺産分割協議になって、長女である姉から、今さら亡き父に関する遺産分割協議は無効であると主張されて困っているとのことでした。

私は、このご長男から依頼を受け、相手方である姉と話し合いをしようとしましたが、姉は、亡き父の遺産分割協議は無効であるからやり直すべきとの一点張りで話し合いでは解決しなかったため、やむなく遺産分割調停の申立てをしました。

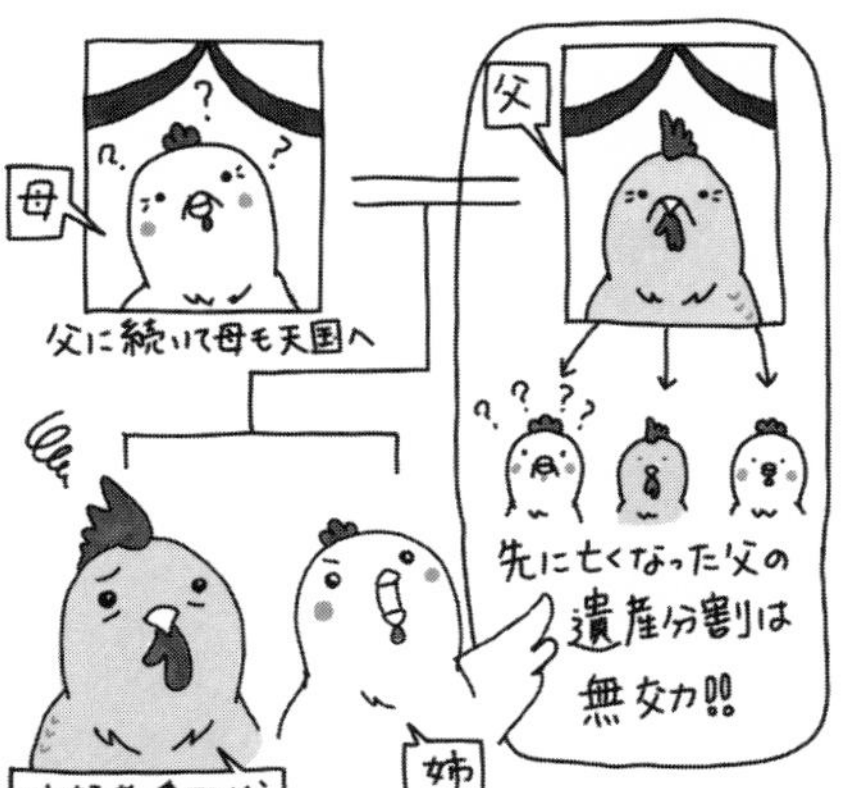

姉が無効を主張した亡き父の遺産分割協議の経緯

依頼者によれば、亡き父の遺産分割協議の経緯は次のとおりでした。

依頼者は、亡き父の遺産分割協議について、自宅の近所にある税理士事務所へ相談したところ、遺産分割協議に必要な書類等の説明を受けました。そして、次回の打合せまでに、税理士事務所において亡き父の遺産調査及び遺産目録の作成等の業務が行なわれました。

その後、依頼者、相手方である姉、税理士同席のうえ、税理士事務所において第1回の遺産分割協議が行われました。このとき税理士から、依頼者及び姉の双方に対し、認知症である母親の取り分をゼロにするという提案がありました。この提案に対して依頼者と姉は、次回までに検討することになりました。

依頼者、相手方である姉、税理士同席のうえ、税理士事務所において、第2回の遺産分割協議が行われました。このときの協議の結果、亡き父を被相続人とする遺産分割において、相続人の一人である母が認知症のため、自ら遺産分割協議書に署名・押印することができない状況であったことから、依頼者の妻が代筆することについて、相続人である依頼者と姉が合意しました。

そこで、このような合意をした事実を書面にて確認するため、税理士から覚書を提示されて依頼者と姉が取り交わすことになりましたが、署名・押印は後日行うことになりました。

その後、依頼者は相手方である姉が代理人の弁護士を選任した旨の連絡を税理士から受けました。

この税理士が、相手方代理人の弁護士と面談した際、税理士から相手方代理人の弁護士に対し、母の取り分をゼロにすることでよいかどうか確認したところ、相手方代理人の弁護士から異存ない旨の回答がなされました。この時点で、相手方代理人の弁護士も、母親の取り分をゼロにすることを了承したのです。

相手方代理人である弁護士から税理士宛にメールが送信されていましたが、ここで議論になっているのは、もっぱら双方の特別受益等に関するものであり、母親の取り分をゼロにすることの問題点については、もはや全く触れられていませんでした。

その後、依頼者と相手方双方が納得のうえで、亡き父に関する遺産分割協議書と覚書の双方に署名・押印がなされ、亡き父を被相続人とする遺産分割協議が成立したのです。

相手方である姉による無効主張は「信義則」に違反!?

相手方である姉は、冒頭の遺産分割調停において、亡き父を被相続人とする遺産分割協議が本来は無効であることを、今回の調停になって初めて知ったかのような主張をしました。

しかし前述のとおり、亡き父を被相続人とする遺産分割協議の際、相手方である姉は自ら弁護士を代理人に選任したうえで分割協議を進めていたのであり、その際に相続人の一人の署名を欠く分割協議は、本来は無効であることの説明を受けているはずでした（仮にもし、弁護士からそのような説明を受けていないとすれば、前任の弁護士は職務怠慢を指摘されても仕方がないと思われます）。このため、相手方である姉がそのような重要な事柄を知らないはずがなかったのです。

相続人の一部の署名・押印を欠く遺産分割協議が本来無効であることは、言うまでもないところです。そして、この分割協議に参加することを排除され、不利益を被った相続人自身（本件の場合は亡き母自身）が、この分割協議の無効を主張することが認められるのは異論の余地はありません。

しかし相手方である姉は前述のとおり、前回の遺産分割協議の際、自ら弁護士を代理人に選任したうえ、本来は分割協議が無効であることを知りながら、納得のうえで分割協議に応じたのです。

にもかかわらず、相手方である姉が、今になって、前回の分割協議に不満があったからといって、分割協議が無効であるなどと蒸し返しの主張をするのは、**「信義則」**違反として、到底許されるべきではありませんでした。

調停成立へ

このように、相手方の主張は到底認められるべきではないとの主張を粘り強く展開したところ、本件では裁判所の理解を得ることに成功し、亡き父の遺産分割協議は有効であることを前提に亡き母を被相続人とする遺産分割調停を進めた結果、依頼者が納得する内容で調停を成立させることができました。

本件は、最終的には、亡き父の遺産分割協議が有効であることを前提としたものであり、依頼者の納得のいく解決となりましたが、本来であれば、亡き父の遺産分割の際に、認知症である母のために家裁に後見人を選任してもらうべき事案でした。

CHECK!

成年後見人

「成年後見人」とは、精神上の障害により、常時、判断能力がない状態にある者について、親族等の申立てによって、家庭裁判所が選任する本人の法定代理人のことをいいます。

遺産分割は相続人全員で行う必要があるため、相続人の中に認知症等により判断能力のない者がいる場合、その者に代わって財産を管理する成年後見人を家庭裁判所に選任してもらう必要があります。

最近は、相続人の中に認知症等により判断能力が低下している方のいる事案が増えてきており、遺産分割協議や調停の申立ての前に、家裁に後見人や保佐人を選任してもらう事案が多くなってきている印象があります。

信義則

「信義則」とは、「信義誠実の原則」の略で、当該具体的事情のもとで、相互に相手方の信頼を裏切らないよう行動すべきであるという法原則のことをいいます。

つまり本件では、姉は亡き父の遺産分割の際、母が認知症で依頼者の妻が署名を代筆したことが本来は無効であることを知っていたにもかかわらず、母が亡くなりその遺産分割協議をすることになったとたん、一転して、それまでの主張と正反対のことを主張し始めたので、それはさすがに信頼を裏切る不誠実な行動でしょう、ということになります。

コラム　「法定後見」と「任意後見」について

今回の事件で紹介したのは「法定後見」のことです。

「法定後見」とは、本文で紹介したように、認知症などにより判断能力がなくなって自分の財産の管理ができなくなってしまった場合に、家庭裁判所に成年後見人を選任してもらう制度のことをいいます。

これに対して、「任意後見」とは、本人の判断能力がしっかりしているうちに、息子や娘などの家族等の特定の人との間で、自分の判断能力がなくなった場合は、本人に代わって、その財産の管理等をしてもらう契約（任意後見契約といいます）を結んでおくものです。

この任意後見契約を結ぶには、公証役場に行って（事情によっては公証人に出張してもらうこともできます）、公証人に公正証書を作成してもらう必要があります。また、契約の効力が発生するためには、本人の判断能力がなくなったあと、任意後見人になろうとする者が家庭裁判所に申立てをして任意後見監督人を選任してもらう必要があります。

任意後見の場合は、本人と任意後見人になろうとする者との間の契約であるため、その者が任意後見人になることがほぼ確実ですが（「ほぼ」というのは、任意後見契約は、契約の効力が発生するまでは、理由のいかんを問わずいつでも契約を解除することができるからです）、法定後見の場合には、申立てをした者が後見人になろうとしても親族間に争いがある場合には、裁判所が中立的な第三者である弁護士や司法書士などの専門職を後見人に選任することがあります。

我が国の超高齢化、認知症患者数の増加傾向に鑑みると、認知症の発症と後見人の選任、また、それに伴う相続問題の複雑化は誰にでも起こりうる問題であり、今後、避けて通れない問題でしょう。

5 相続財産調査で多くの遺産が判明！ ～その後の調停で多額の代償金を獲得!?

教訓
・相続財産の調査は入念に実施すべし。

相続財産の調査を実施

依頼者は50代の女性でした。

依頼者の父親が亡くなり、疎遠であった実家の兄から連絡はあったのですが、遺産の内容を一切教えてくれず、ただ、「相続を放棄しろ」の一点張りなので、まずは相続財産の調査をしたいというご相談でした。

相続人は、依頼者と兄の二人のみで、依頼者は実家を離れて長く、兄が被相続人である亡き父の遺産を管理していましたが、兄は、亡き父の遺産として何があるのか、教えてくれないというのです。この事案の問題点は、遺産の全容が不明であるために遺産分割協議ができない、ということです。

そこで、まず、不動産の「**名寄帳**《なよせちょう》」を取り寄せ、被相続人が所有していた不動産を全て把握しました。

次に、被相続人の最後の住所地近辺に所在する全ての金融機関に照会をかけ、被相続人名義の預貯金口座を把握することができました。判明した預貯金口座の取引履歴を取り寄せてみると、被相続人の死亡前後に多額の金銭が引き出されていたことも判明しました。

このように、相続財産調査を実施することで遺産の全容を把握できましたので、判明した遺産の内容を前提に、家庭裁判所に遺産分割調停の申立てをしました。

遺産分割調停で多額の代償金を獲得！

調停申立て後、被相続人の死亡前後の多額の金銭の引出しについて相手方である兄に指摘したところ、本人は、そのほとんどについて特別受益であることを認めました。

また、不動産の評価額については、当方は地元の不動産業者の査定書を複数取得して、その平均額を評価額とすることを主張したのに対し、相手方である兄は「**相続税評価額**」（いわゆる「路線価」）を評価額とすべきと主張しました。

そこで、裁判所をまじえての協議の結果、その間をとって双方の主張額の中間値を評価額とすることで合意することができました。

依頼者は不動産の取得を希望していませんでしたので、相手方である兄が全財産を取得する代わりに、依頼者に対して1億円を超える多額の代償金を支払うことで決着しました。本件は、受任してから約6か月と比較的早期に遺産分割調停が成立しました。

本件では、相続財産の入念な調査を先行して進めたことにより、被相続人の遺産の全容をいち早く把握することができたことが調停における早期解決につながったと考えています。

CHECK!

名寄帳

「名寄帳」とは、市区町村が当該市区町村内にある土地・家屋をその所有者（納税義務者）ごとに整理して記載した帳簿のことです。

この名寄帳をみれば、特定人が所有する当該市区町村内の土地・家屋を一覧できるため、相続人等による相続財産の調査のための資料として用いられることが一般的です。

相続税評価額

「相続税評価額」（いわゆる「路線価」）とは、相続税、贈与税等の算出の基準として、毎年その年の1月1日時点の価格が対象の土地の地目ごとに路線価方式（市街地的形態を形成する地域）、倍率方式（市街地以外の地域で固定資産評価額の倍率を乗ずる方式）のいずれかにより算定され、各税務署単位で国税庁から公表されている価格のことです。

相続税評価額（路線価）は、実勢価格の80％程度を目安に設定されています。

土地の評価額としては、原則として時価（市場価格）を用いることになっていますが、当事者間で合意すれば、時価（市場価格）と相続税評価額の中間値とすることや、相続税評価額を評価額とすることも可能です。

なお、建物の評価額には、固定資産（税）評価額が利用されることが多いです。

コラム　相続財産調査の重要性と限界

遺産分割は、まず相続人を調査して特定し（誰が）、次に相続財産を調査して確定する（何を）ことから始まります。

つまり、誰が、何を、どのように分けるかという手順で進めるわけです。

ですから、この「何を」を確定しなければ遺産分割協議を進めることができません。

このため、相続財産の調査が重要となります。

では、相続財産の調査はどのようにするかというと、前述のとおり不動産については、市町村から送られてくる固定資産税の納付書等を頼りに、被相続人の最後の住所地近辺の自治体に「名寄帳」を請求して取り寄せれば、ほとんど漏れなく把握することができます。

次に預貯金についてですが、これも、前述のとおり、被相続人の最後の住所地近隣にある全ての金融機関の支店に照会をかければ、概ね把握することができます。

もっとも、被相続人が最後の住所地から遠方の金融機関の支店に預金口座を保有していたような場合には、その存在を正確に把握することができない場合があります。

また、株式等の有価証券を保有していた場合も、被相続人が利用していた証券会社に照会をかければ概ね判明しますが、これにも限界があります。

このように、相続財産の調査にはおのずと限界がありますが、被相続人が亡くなったあとに被相続人名義の預貯金口座や有価証券を被相続人名義のままにしておくと、それらを利用することはできませんので、通常はそれらの存在を把握している相続人が自らその存在を申告して遺産分割の対象とすることになります。

とはいえ、たとえば特定の相続人が、被相続人がお亡くなりになる直前に被相続人名義の預貯金口座から多額の金銭を引き出して当該口座を解約してしまったような場合には、当該相続人がその存在を隠すこともあります。

本文でご紹介した事案がまさにそのような事案で、預貯金口座の解約こそされていませんでしたが、相続財産調査により、多額の金銭が引き出されていたことが判明したのです。

6　大正時代に亡くなった曾祖父名義の土地を相続!?

教訓
・相続人の調査は入念に。
・不動産会社とのネットワークを活用すべし。
・「調停に代わる審判」を活用すべし。

相続人がたくさんいた……

依頼者は70代の男性でした。

大正時代に亡くなった曾祖父名義の土地について、遺産分割を完了したいとのご相談を受け、正式にご依頼を受けました。

なお、相続税の申告には期限があるのですが（被相続人が死亡したことを知った日の翌日から10か月以内)、遺産分割自体には期限がないため、このように大正時代に亡くなった曾祖父名義の土地というものも全国にはたくさんあり、遺産分割に期限がないということが、現在社会問題となっている「空き家・空き地問題」の原因の1つになっています。

ところで、受任後に戸籍謄本等を収集・調査したところ、最終的に相続人が全国に50名近くいることが判明し、それらの相続人全員と個別に話し合いをすることは事実上不可能でしたので、相続人全員を相手方として遺産分割調停の申立てをしました。

遺産分割調停と調停に代わる審判

調停手続の中で、他の相続人から依頼者に対して**「相続分の譲渡」**を受けたり、又は**「相続分の放棄」**をしてもらい、このような相続人を手続から排除してもらうことで、当事者を整理・集約していきました。

しかし、相続人は高齢の方が多く、調停手続の途中で亡くなった方もいらっしゃり、その際には、亡くなった相手方の相続人を新たに相手方に加える必要があったため、相続分の計算も非常に複雑であり、解決には困難を極めました。

そこで、不動産会社に依頼して当該不動産の買い手を探し出し、当該不動産を売却処分したうえで、売却代金から諸経費を控除した残金約2000万円を残された相続人に分配するという内容の**「調停に代わる審判」**を裁判所に出していただきました。

本件では、まず、①相続人を確定するために漏れなく戸籍謄本等を収集・調査したこと、②相手方が多数にのぼるため、個別に協議することはほぼ不可能であったことから、家庭裁判所に遺産分割調停の申立てをしたこと、③知り合いの不動産会社とのネットワークを活かし、当該不動産の買い手を探し出したこと、④当事者の整理・集約を進め、裁判所に「調停に代わる審判」を出してもらったことなどが、相続人の数が極めて多かった割には、受任してから約1年と比較的早期に解決に至ったポイントだったと考えています。

CHECK!

相続分の譲渡

「相続分の譲渡」とは、遺産全体に対する相続人の包括的持分又は法律上の地位を譲渡することをいいます。つまり、相続分の譲渡は、積極財産（プラスの財産＝資産）と消極財産（マイナスの財産＝負債）とを包含した遺産全体に対する譲渡人の割合的な持分を移転するものです。

本件では、依頼者と比較的親い間柄にあった相続人の方々が、自分のもっている相続分を依頼者に譲ってもよいと申し出てくれました。

相続分を譲渡した相続人は、自分の相続分がなくなることになりますので、裁判所の「排除決定」により調停手続から脱退します。

相続分の放棄

「相続分の放棄」とは、①遺産に対する共有持分権を放棄する意思表示とみる見解と、②自己の取得分をゼロとする事実上の意思表示とみる見解の2つがあるのですが、実務では、

①の共有持分権を放棄する意思表示とみて、相続分を放棄した者の相続分が、他の相続人に対してその相続分に応じて帰属するとされています。

もっとも、本件のような当事者が多数にのぼる事案では相続分の計算が非常に複雑になってしまうので、相続放棄と同様に、当該相続人は最初から相続人にならなかったものとみなして相続分を計算するという方法もあり、実際に、本件ではそのように計算しました。

なお、相続分を放棄した相続人は、相続分を譲渡した相続人と同様、自分の相続分がなくなることになりますので、裁判所の「排除決定」により調停手続から脱退します。

調停に代わる審判

家庭裁判所は、調停が成立しない場合において相当と認めるときに、当事者双方のために、一切の事情を考慮して、事件の解決のため必要な審判をすることができるとされています。この審判のことを「調停に代わる審判」といいます。

この「調停に代わる審判」は、たとえば、当事者の一方の頑固な意向により、又はわずかな意見の相違により調停が成立しない場合、調停の最終段階で積極的には賛成はしないが、反対もしないというような場合、調停で合意を成立させることは拒否するが、裁判所の判断には従うので審判が欲しいと主張する当事者がいる場合、本件のように、当事者が多数にのぼる事案で全当事者の出頭が見込めないような場合などに出されることがあります。

本件のように、全当事者の合意が成立しない場合でも解決することができ、とても有用な制度です。

ちなみに、私が家庭裁判所の「家事調停官」（弁護士の身分をもちながら、毎週1日、家庭裁判所に勤務する非常勤の裁判所職員のことで、「非常勤裁判官」とも言われています）をしていたころ、私自身も何度もこの「調停に代わる審判」を出して事件を解決したことがあります。

コラム

不動産は分割しにくいからモメる!?

預貯金等の流動資産は分割が容易ですが、不動産は現物分割が難しいので、その評価額や分割方法をめぐって争いが激しくなりがちです。

相続人のうちの誰か1人が不動産を単独で取得して、その代わりに他の相続人に代償金を支払う代償分割の場合には、不動産の評価額をどうするかによって代償金の金額が変わってくるため、不動産の評価額をどうするかが争点になります。

他方、不動産の取得を希望する者が代償金を支払えない場合や、誰も不動産の取得を希望しない場合は、不動産を売却して、売却代金から諸経費を控除した残金を相続分に従って分配する換価分割の方法を採ることになります。

この場合には、不動産の評価額は問題となりませんが、不動産の売却を仲介してもらう不動産会社をどうするかなどが争点になることもあります。

最近では、誰も不動産の取得を希望せず、換価分割の方法を採用することも増えてきているように思います。

7 生命保険金は「遺産」ではない？

教訓
・判例をよく勉強すれば道は拓ける！

相談から遺産分割調停の申立てへ

依頼者は50代の男性でした。

亡き父を被相続人とする遺産分割協議において、他の相続人である亡き父の再婚相手の継母と弟との協議が決裂したとのご相談でした。

そこで、私が正式に代理人として受任し、遺産分割調停の申立てを行うことにしました。

遺産分割調停中に継母が亡くなって……

調停では遺産総額が約1800万円であったのに対し、亡き父の生命保険金の受取人であった継母が受け取った保険金の額が約1400万円と比較的高額だったため、この点が争点の一つとなりました。

これについては、生命保険金は民法上の「相続財産（遺産）」ではないので、本来は遺産分割の対象ではないのですが、保険金の額が高額な場合に例外的な取扱いを認めた**「生命保険金についての最高裁判例」**を引用して、特別受益に準ずるものと主張（つまり、「継母が受け取った保険金の額を遺産に加算せよ」との主張）をしました。

なお、依頼者の弟にも別の代理人が就いていたのですが、このときは、継母が受け取った生命保険金の扱いについて、当方と足並みをそろえて同じ主張をしていました。

ところが、その後調停手続中に継母が亡くなってしまい、継母と養子縁組をしていた依頼者の弟が継母の地位を承継することになったのです。

弟の態度が一変した

すると、依頼者の弟は継母の生前は当方と足並みをそろえて同じ主張をしていたにもかかわらず、継母が亡くなってその地位を承継するや否や、今度は一転して生命保険金は遺産ではないから特別受益に準ずるものとみることはできないと主張し、これまでの自らの主張を翻したのです。

この豹変ぶりにはさすがに依頼者も激怒したので、代理人である私としても、依頼者のお気持ちを酌み、弟の主張に対してこれまでの自らの主張を翻すのは「信義則」違反だから許されないと強く反論しました。

その結果、**「調停委員会」**から一定の理解を得ることができ、最終的には継母が受領した生命保険金のうちの一定額（半額程度）を持戻しの対象として遺産に加算し、依頼者の取り分を多くする内容で遺産分割調停を成立させることができました。

本件では、最高裁判例を引用したうえで粘り強く主張を展開した結果、調停委員会から一定の理解を得ることができたのがポイントでした。依頼者の取り分を上乗せすることもでき、納得のうえでの解決に至って何よりでした。

CHECK!

生命保険金についての最高裁判例

「生命保険金についての最高裁判例」とは、生命保険金は原則として、受取人固有の権利であり、遺産分割の対象ではなく特別受益になることはないのですが、最高裁は、「保険金受取人である相続人とその他の共同相続人との間に生ずる不公平が民法……の趣旨に照らし到底是認することができないほどに著しいものであると評価すべき特段の事情が存する場合には、同条の類推適用により、……死亡保険金は、特別受益に準じて、持戻しの対象となる」と判断し、相続人間の公平の観点から例外的に、生命保険金が特別受益に準ずる扱いを受けることがあるとしています。

つまり、相続人の中に多額の生命保険金を受け取った者がいる場合、それを無視して相続分を計算すると他の相続人と不公平になることがあるので、そのような場合には、その者が受け取った生命保険金の額を遺産に持ち戻した（加算した）金額を遺産総額とし、その金額に法定相続分を乗じて各人の具体的相続分を算出することにより、保険金を受け取っていない相続人の取り分を増やしてあげようということです。

調停委員会

「調停委員会」とは、調停委員2名と裁判官（又は「家事調停官」）1名の3名で構成される調停手続の主宰者のことをいいます。通常の調停では、調停委員2名が当事者から話を聴き調停手続を進めていくのですが、実際には裁判官（又は「家事調停官」）も調停委員会の一員であり、調停の進め方などについては適宜、調停委員と評議をしながら進めています。

私が家庭裁判所の「家事調停官」（いわゆる「非常勤裁判官」）をしていたときも、私自身は普段は裁判官室にいて、ここぞという場面では調停委員から呼び出しを受け、当事者や代理人を直接説得して調停を成立させることもありました。

コラム

民法上の「相続財産」と相続税法上の「相続財産」の違い

ややこしいのですが、民法上の遺産分割の対象となる「相続財産」と相続税が課税される対象となる「相続財産」とは異なります。たとえば、本件でご紹介した生命保険金はその典型例としてよく問題となります。

生命保険金は、特定の相続人を受取人に指定した場合だけでなく、受取人が単に「相続人」と指定されていた場合でも、民法上の遺産分割の対象となる「相続財産」ではありませんが、相続税が課税される「相続財産」には該当します。

また、貸金債権や損害賠償債権等、預貯金債権以外の金銭債権は「可分債権」といわれ、相続開始と同時に法定相続分に応じて当然に分割相続されるので、民法上の遺産分割の対象にはなりませんが、相続税の課税対象となる「相続財産」には該当します。

さらに、生前贈与の扱いにも違いがあります。たとえば、被相続人から金銭等の生前贈与を受けた相続人がいる場合、民法上は、いつ生前贈与を受けたとしても、「特別受益」として持戻しの対象となり、「相続財産」に加算されますが（「みなし相続財産」といいます）、相続税が課税される対象となるのは相続開始前3年以内の生前贈与に限られます。

この他によく問題となるのは、「葬儀費用」です。葬儀費用は、相続開始後に発生する費用であり被相続人自身の債務ではありませんので、民法上は遺産分割の対象にはなりませんが（一般的には「喪主」の負担とされています）、相続税の課税対象となる「相続財産」を計算する際には葬儀費用を控除することができます。なお、葬儀費用やお墓の費用等については、相続人が応分に負担すべきという感覚をお持ちの方も多いと思われますし、そのような感覚ももっともです。実際も、そのような解決を図る事案も多いです。

同様に、被相続人の金銭債務も相続開始と同時に法定相続分に応じて当然に分割相続されるため、遺産分割の対象にはなりませんが、相続税の課税対象となる「相続財産」から控除することが認められています。

このように、民法上の遺産分割の対象となる「相続財産」と相続税の課税対象となる「相続財産」とは範囲が異なりますので、相続税などの税金面については、相続税に詳しい税理士にご相談することをお勧めします。

8　行政書士に遺産分割協議書の作成を依頼したら……

教訓

・相続問題（特に、少しでも紛争性のある案件）は最初から相続案件の得意な弁護士に依頼すべし。

行政書士に遺産分割協議書の作成を依頼したら……

依頼者によれば、最初はきょうだいも仲が良くて相続をめぐって争いになることはないだろうと思い、費用も比較的安いということで、相続人全員の合意のもとで行政書士に遺産分割協議書の作成を依頼したそうです。

しかし、協議を進めるにつれ、相続人間の利害対立が顕在化し、結局は依頼した行政書士から「紛争案件を扱えるのは弁護士だけなので、私はもうこれ以上は関与できない」と言われ、改めて弁護士に依頼したいと考えてご相談にいらっしゃいました。

そこで私は、今後の進め方等について説明したうえで、遺産分割協議の代理業務を受任しました。

私が受任したあと、他の相続人もそれぞれ弁護士に遺産分割協議の代理業務を委任し、代理人間で協議を進めた結果、それぞれが一定の譲歩をする形で最終的に遺産分割協議が成立しました。

相続案件は誰に依頼すればいいの?

相続案件を扱っているのは弁護士だけではなく、行政書士など弁護士以外の他の士業の方々も扱っています。このため、皆様の中には、費用が弁護士より安い、弁護士より敷居が低い、相続人間に争いがないなどの理由で、行政書士などの弁護士以外の士業の方々に相続案件を依頼される方もいらっしゃいます。

確かに、相続案件に力を入れているのは弁護士だけではなく、行政書士などの弁護士以外の他の士業にもいらっしゃいます。

しかし、本件もそうですが、最初は相続人間に争いがないと思っていても、話し合いが進むにつれて紛争が顕在化することはよくあることです。

そうすると、紛争案件を扱うことができるのは**「弁護士法72条」**により法律事務の専門家である弁護士のみと定められていますので、あとから紛争が顕在化すると本件のように、途中で弁護士に依頼し直さなければならなくなることも決して少なくありません。

各士業の業務領域はどうなっているか

ところで、インターネット等で相続の専門家をお探しの方の中には、法律事務所だけでなく司法書士や行政書士、税理士事務所なども相続問題を取り扱っているため、それぞれどのような分野を業務領域としているのかが分かりにくいと感じている方もいらっしゃるのではないでしょうか?

士業は国家資格ですので、法律でどの士業が何を行うことができ、何を行うことができないのかが定められています。

次頁の表は、各士業の業務領域をまとめたものです。

表のとおり、弁護士は相続税の申告代理業務以外は全て対応することが可能です（ただ、実

■弁護士、司法書士、税理士、行政書士の業務領域

項　目	弁護士	司法書士	税理士	行政書士
相続調査	○	○	○	○
遺産分割協議書作成	○	△	△	△
代理人として交渉	○	×	×	×
調停の代理	○	×	×	×
審判・訴訟の代理	○	×	×	×
相続登記	○	○	×	×
相続税申告	×	×	○	×

※△＝相続人間での話し合いで確定している内容を書面化することはできるが、紛争性のある案件に関与することは不可

際には不動産の相続登記などの登記申請業務については、登記申請業務の専門家である知り合いの司法書士にお願いしています）。

そして、多くの案件では、弁護士が中心となってチームを組み、遺産の額が大きく、相続税の申告が必要な場合には相続税に強い知り合いの税理士をご紹介して相続税の申告業務をしていただき、また、遺産の中に不動産がある場合には、登記の専門家である司法書士をご紹介して不動産の相続登記をしていただきます。

さらに、不動産の売却が必要な場合は、知り合いの不動産業者に売買の仲介を依頼することもあります。

行政書士ができることは?

では、行政書士は何ができるのでしょうか?

行政書士は、その名のとおり「行政」機関、つまり役所に提出する書面の作成を代行する士業です。

ちなみに、裁判所は「行政」機関ではなく「司法」機関ですから、行政書士は裁判所に提出する書面の作成を代行することはできません。

行政書士の中には、「相続専門」を謳っている方もいらっしゃいますが、それは「一切紛争性のない」相続案件だけを扱っているという意味にすぎず、行政書士が「相続の専門家」という意味では決してありません。

行政書士が関与できるのは、「一切紛争性のない」相続案件の「書面の作成」(裁判所に提出する書面を除く)だけなのです。

つまり、具体的に行政書士が関与できるのは、戸籍謄本等の書類を取り寄せて相続人の調査をすること、既に話し合いが決着している遺産分割の協議書の作成支援、それに基づく預貯金の解約・払戻しなどの手続代行、既に内容が決まっている遺言書作成の助言などで、弁護士が扱うことのできる相続案件全体のほんの一部にすぎません。

相続に関する問題は、皆様の人生で一生に一度あるかないかのことだと思いますが、相続案件は、法律の専門家である「弁護士」の他には、税金（相続税）の専門家である「税理士」と登記の専門家である「司法書士」がいれば、あらゆる案件に対応することができます。

特に、少しでも紛争の可能性がある案件については、費用が安いからといって安易に行政書士に依頼することは弁護士法違反となりますので、絶対に避けてください（そもそも、「弁護士」という資格は世界中に存在しますが、「行政書士」という資格は日本特有のもので、諸外国には見当たりません。諸外国では、行政書士が行う仕事も弁護士が担っています）。

相続問題は最初から弁護士にご相談・ご依頼を！

このように、最初は相続人間に争いがないと思っていても、そののちに紛争が顕在化するケースはよくあることですので、弁護士以外の他の士業に相続案件を依頼すると、結局時間と費用が余計にかかってしまう場合があります。

したがって、最初は紛争性がないと思っても、問題が全て解決するまで、最初から最後まで全ての場面にお付き合いできる弁護士に最初からご相談・ご依頼いただくことが、結局は時間と費用の面でもメリットの大きい場合が多いです。

相続案件は、最初から弁護士にご相談・ご依頼されることをお勧めいたします。

とはいえ、中にはとんでもない弁護士も……

本件とは別の事案ですが、相続人間に争いのない事案で、ある方がある弁護士に遺産分割協議書の作成やその後の相続手続を依頼したところ、途中からその弁護士と連絡がとれなくなってしまい、最終的には、何と、約1年間も業務を放置されてしまった案件がありました。

その方は、案件を依頼した弁護士と連絡がとれなくなって途方に暮れており、知り合いの税理士からご紹介を受けて私が改めてご依頼を受けることになりました。

するとご依頼を受けた翌日に、その弁護士が他の複数の依頼者から懲戒請求を受け、弁護士会による調査の結果、複数の事件を長期間にわたり放置したなどの理由で、弁護士会から業務停止の懲戒処分を受けたことが判明しました。

そこで、私は早速その弁護士に対し、依頼者がその弁護士を解任したこと、私が正式に案件の依頼を受けたこと、依頼者から預かった書類一式を速やかに引き継ぐことを要請する書面を送付しました。

しかし、その弁護士からは一向に連絡がありませんでした。

その後も当該弁護士とは一向に連絡がとれなかったため、私から何度も連絡をして最終的には、これ以上放置すれば改めて懲戒請求せざるを得ないことを警告しました。

すると、私が事件を受任してから約2か月以上経って、ようやく書類一式を当方に送ってきました。こうしてようやく書類一式を引き継いだ私は、早速案件処理に着手し、約2か月で相続手続を全て完了することができました。

しかし、依頼者はこの弁護士に書類一式を預けたまま案件処理を放置されたため、相続税の申告期限内に相続税の申告をすることができず、本来支払う必要のなかった無申告加算税や重加算税を計約200万円も支払うという損害を被ってしまいました。

このため、その依頼者から当該弁護士に対し、損害賠償請求をする訴訟の依頼を受け、この事件は現在も審理中です。

弁護士にもそれぞれ得意・不得意がありますし、残念ながらごく一部ではありますが、このようなとんでもない弁護士がいることも事実ですので、弁護士に相続案件を依頼する場合には、相続案件を得意とする弁護士を慎重に選んでいただければ幸いです。

CHECK!

弁護士法72条

弁護士法72条には、「弁護士又は弁護士法人でない者は、報酬を得る目的で訴訟事件、非訟事件及び審査請求、再調査の請求、再審査請求等行政庁に対する不服申立事件その他一般の法律事件に関して鑑定、代理、仲裁若しくは和解その他の法律事務を取り扱い、又はこれらの周旋をすることを業とすることができない。ただし、この法律又は他の法律に別段の定めがある場合は、この限りでない。」との規定があり、弁護士以外の者が、報酬を得る目的で、法的な紛争に関して、他人と交渉をしたり法律相談に応じることを業とすることはできません。

これに対する違反については、2年以下の懲役又は300万円以下の罰金という重い刑罰があります（弁護士法77条3号）。

実際に、行政書士が紛争性のある相続案件（遺産分割）に関わったとして弁護士法違反で逮捕された事例もあり、非常に問題になっています。

また、私が経験した事案では、行政書士が遺言執行者に指定されていたにもかかわらず、相続人間の紛争性が高くて手に負えないということで、結局、弁護士である私が遺言執行者である当該行政書士の代理人として、一切の執行業務を遂行した事案もあります。

私が知っている行政書士の皆様は、当然のことですが、きちんと弁護士法を遵守しており、非弁行為（弁護士法違反行為）をするのはごく一部の悪質な行政書士に限られると思われます。しかし、相続問題は一生に一度あるかないかの大きな問題ですので、読者の皆様は、このような悪質な行政書士には十分ご注意ください。

コラム 「とりあえず共有」はモメる！

遺産分割の方法には、前述したように、4つの方法があります（30頁参照）。すなわち、①現物をそのまま分割する現物分割、②相続人のうちの誰かが遺産を取得する代わりに他の相続人に金銭を支払う代償分割、③遺産を売却して得たお金を分配する換価分割、そして、④最後の手段である共有分割です。

共有分割は、遺産の一部又は全部を、各相続人の具体的相続分による共有取得とする方法をいいますが、共有分割は単なる問題の先送りにすぎず、根本的な紛争の解決にはなりません。

たとえば、不動産を共有にした場合を想定すると、その不動産を売却・処分するには共有者全員の同意が必要となりますので、共有者のうちの一人が売却・処分したいと思っても、他の全ての共有者が同意しない限りは自由に売却・処分することができないのです。

また、当該不動産は自分たちでは使用しないので誰かに貸して賃料収入を得たいと思ったとしても、誰かと賃貸借契約を結ぶには、共有持分の過半数を有する共有者が同意する必要がありますので、これも一存では実行できません。

さらに、共有関係を解消したいと考えて自分の共有持分を処分しようとしても、一般的には不動産の共有持分は市場価値が乏しいため、共有持分を取得しようとする人が現れることはまずありません。

では、共有関係を解消するにはどうすればよいかというと、まずは共有者同士で話し合って決めることになりますが、以前に相続をめぐって争った関係にありますから、話し合いがうまくいくとは思えません。

そうすると、最後は裁判所に「共有物分割の訴え」を起こして、裁判で解決するしかないのです。これが、共有分割は問題の先送りにすぎないという意味です。

このような理由から、遺産分割の際、もし依頼者が「とりあえず共有にしておこう」

とお考えになった場合には、私は必ず、これらの理由を説明して共有分割には反対することにしています。

9　相続人が海外に？　～貸金庫を開けてみると……

教訓

・相続人が海外に在住している場合には「サイン証明書」を取得すべし。
・貸金庫を開ける際には関係者と調整して細心の注意を払うべし。

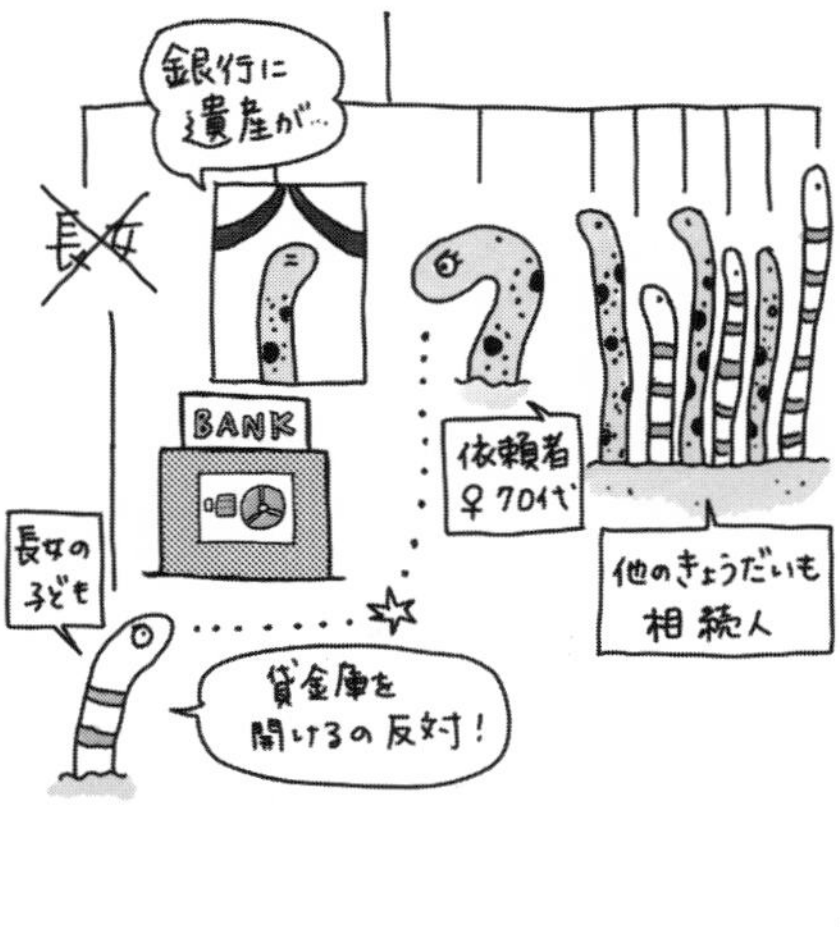

貸金庫とは？

事案によっては、貸金庫の中身が問題になることがあります。貸金庫は、金融機関が貸金庫内の空間を利用者に貸すという賃貸借契約であるとされていますが、金融機関によっていろいろな種類があるようです。

私がこれまでに見たものは、いずれも団地の郵便受けを小さくしたようなもので、金属製の長方形の箱状のものがたくさん並んでいるという種類でした。

なお、被相続人が利用していた貸金庫を開けるには、相続人全員の書面による同意又は立会いが必要とされます。

ここでは、私が経験した貸金庫の中身が問題となった2つの事例をご紹介します。

姉が交通事故で亡くなった

依頼者は70代の女性でした。

依頼者の姉が交通事故でお亡くなりになったという痛ましい事案でした。

依頼者は9人きょうだいでしたが、被相続人である姉は独身で子どもがいませんでした。

また、ご両親も既に他界されていましたので、本件では、8人のきょうだいが相続人となります。ただ、一番上のお姉さんは既に亡くなっておりましたので、その長男（甥）が**代襲相続人**でした。

甥が依頼者を誹謗中傷!?

この甥は、亡くなった被相続人とはとても仲が良かったようなのですが、なぜか依頼者を目の敵にしていました。詳しいことはわかりませんでしたが、何かボタンの掛け違いか勘違いがあったようです。

依頼者の代理人となった私が、この甥に対し、今後の遺産分割協議について連絡をとったところ、それに対する回答がなかった代わりに、他の相続人に対し、依頼者のことを誹謗中傷する手紙を送ったり電話をかけたりしていました。

依頼者が激怒!

他の相続人からこのことを聞いた依頼者はこれに激怒し、私からもこの甥に対してそのような誹謗中傷をやめるように警告するとともに、円満な話し合いが困難であると思われたため、遺産分割調停の申立てをすることを告知する書面を送りました。

なお、依頼者はこの甥以外の他の6名の相続人とは良好な関係で、協議した結果、他の6名の相続人は全員、その相続分を依頼者に譲渡する意向を示してくれました。

その後、家庭裁判所に遺産分割調停の申立てをしました。

相続人の一人がドイツに!?

他の6名の相続人は、依頼者に対して相続分を譲渡する手続をとり、調停手続から脱退しました。

なお、この6名の相続人のうちのお一人がドイツに在住していたので、書類のやりとりと手続に、時間と手間が若干かかりました。

というのも、ドイツを含む海外では日本と違って印鑑がありませんので、当然、印鑑証明書というものがありません。

その代わり、サイン証明書（署名証明書）というものがありますが、これは現地の在外公館や公証人がその人のサイン（署名）に間違いがないことを証明してくれるものです。

そこで、ドイツ在住の相続人からは、本人が署名した書類と、その署名が本人の署名に間違いないことを証明する旨のドイツの公証人の証明書とを日本に送ってもらい、この書類（ドイツ語なので日本語訳を添付）を裁判所に提出することで無事に手続を完了することができました。

相手方が貸金庫の開扉を拒否!?

ところで、被相続人は、自宅近くの金融機関の支店に貸金庫を借りていました。このため、遺産分割手続を完了させるには、貸金庫を開けて中身を確認することが必要でした。

しかし、相手方である甥は終始、非常に感情的になっており、なぜか貸金庫の開扉に反対し、この金融機関にも貸金庫の開扉に応じないように繰り返し連絡していました。

私からは、貸金庫を開扉して内容を確認しないと遺産分割手続が進められないので貸金庫の開扉に同意してほしい旨の説明と、第三者として**公証人**に立ち会ってもらうことを提案し、調停委員からも説得してもらったところ、ようやく相手方も貸金庫の開扉に同意しました。

今度は金融機関が拒否!?

そこで、私から当該金融機関に対し貸金庫を開扉したいと連絡すると、今度はこの金融機関から「相続人全員の立会いがなければ貸金庫を開扉することはできない」との回答がありました。相手方である甥からの度重なる脅しともとれる連絡に辟易していたようで、この金融機関の支店長から私に泣きつくような電話が何度もかかってきていました。「一難去ってまた一難」

とはこのことです。

私からこの金融機関に対し、他の相続人は全員依頼者に相続分を譲渡しており既に相続人としての地位を失っていること、貸金庫を開扉しないと遺産分割手続が進められないこと、裁判所からの要請でもあることを繰り返し説明したところ、当該金融機関は顧問弁護士と相談し、貸金庫の開扉を拒否する正当な理由がないことを理解してくれたようで、ようやく、貸金庫の開扉に応じてくれることになりました。

またまた相手方が……

すると、またまた相手方が問題行動に出ました。それは次のようなものでした。相手方は調停期日において、調停委員、私及び相手方自身が同席の場で、被相続人名義の貸金庫の開扉について必要な協力をすることを事前に約束したにもかかわらず、貸金庫の開扉の際に公証人が作成する**事実実験公正証書**に立会人が署名、押印（実印）し、印鑑証明書の提出が必要であるということがわかった途端、なぜか、「印鑑証明書は絶対に出さない。そういうことであれば、貸金庫の開扉には絶対に協力しない」などと言い出したのです。

公証人が印鑑証明書を悪用することなど考えられませんので、私が理由を問いただしても、

「協力しない」の一点張りで、全くもって意味不明でした。

私は、裁判所から相手方に対して貸金庫の開扉に協力するよう要請してほしい旨の中入れをし、調停委員が相手方に対し、再三にわたって説得しました。

すると、ようやく、相手方は貸金庫の開扉に応じることになりました。世の中、本当に変わった人もいるものです……。

ようやく開いた貸金庫のなかみは？

そこで、この金融機関や公証人と事前に打合せのうえ、貸金庫を開扉する当日は金融機関の支店長と出張してくれた公証人に立ち会ってもらい、相手方も同席のうえ、やっとの思いで貸金庫を開扉することができました。

ここまでして開扉した貸金庫の中からいったい何が出てくるのかと思ったら、中からは遺産である不動産の古い権利証が出てきただけでした。これには、私も金融機関の支店長も（おそらく公証人も）拍子抜けしてしまいました……。

交通事故の損害賠償金はどうする？

ようやく貸金庫問題を解決したあと、交通事故の損害賠償金約２３００万円をどうするかが問題になりました。

法律上は、損害賠償債権は金銭債権ですので、相続開始と同時に法定相続分に応じて分割相続することになり、遺産分割の対象ではありません。

この点、依頼者は他の相続人６名から相続分の譲渡を受けていましたので、損害賠償債権全体の８分の７、相手方は８分の１を相続したことになります。

私は依頼者の代理人として交通事故の加害者の代理人と交渉し、加害者が加入している任意保険から、損害賠償金全体の８分の７相当額である約２０００万円の支払いを受けることで示談を成立させました。

ところで、被相続人の遺産には、自宅不動産と預貯金及び株式があったのですが、相手方は自宅不動産の取得を希望しており、他方、依頼者は不動産の取得を希望していなかったため、相手方が不動産を取得し、依頼者はその他の預貯金及び株式を取得することになりました。

そして、相手方が不動産を取得すると、その法定相続分を超えることになるため、相手方が不動産を取得する代わりに、当方に一定額の代償金を支払うことで調停が成立しました。

本件は、相手方が終始感情的であったため解決まで紆余曲折がありましたが、相続人が海外に在住している場合の手続について私自身勉強になりましたし、貸金庫を開ける際には、関係者と調整して、細心の注意を払うことが必要であることを痛感させられた事案でした。

貸金庫の中から大金が出てくることも

ところで別の事案ですが、相続人間の関係が比較的良好であったため、依頼者以外の他の相続人から貸金庫を開扉することに同意する旨の書面が得られ、私が依頼者の代理人として貸金庫を開扉したところ、中から、預金通帳等の書類の他、帯封のついた６００万円の現金が出てきたことがありました。

この事案では、相続人間の関係が比較的良好であったため、特に問題になりませんでしたが、相続人間の対立が激しい場合には、貸金庫の中に入っていたお金が本当にその金額であったのかなど、後日、いろいろと問題になる可能性があります。そのような事案の場合は、前述のように、必ず第三者である公証人の立会いを求めるようにしています。

ちなみに、金融機関の規約等により、本来は、現金を貸金庫の中に入れてはならないことになっているようです。

CHECK!

代襲相続人

「代襲相続人」とは、本来の相続人となる者が相続開始以前に死亡したり、一定の事由（相続欠格、廃除）によって相続権を失った場合、その相続人の直系卑属（被相続人の孫、又は兄弟姉妹の子）が、その本来の相続人に代わって相続人になる場合の相続人のことをいいます。

なお、前述の「相続欠格」とは、相続に関する被相続人の遺言書を偽造し、変造し、破棄し、又は隠匿したりするなど、相続秩序を侵害する非行をした相続人の相続権を、法律上当然に剥奪する民事上の制裁のことをいいます。もっとも、実際に実務で問題となることはあまりないと思われます。

公証人

「公証人」とは、当事者その他の関係人の嘱託に応じ、①法律行為その他私権に関する公正証書を作成すること、②私署証書の認証を与えること、③会社法、一般社団法人及び一般財団法人に関する法律に基づき定款に認証を与えること等の権限を有する国家公務員をいいます。

公証人は、法務省令によりその定員が管轄の法務局、地方法務局又はその支局ごとに定められており、定員の範囲内でいずれかの法務局等に所属するものとして法務大臣により任命されます。

一応、形の上では公募制が採用されていますが、実際にはそのほとんどが、裁判官又は検察官出身者で、法曹資格をもっている法律の専門家です。

裁判官や検察官は、定年等で退官するとその一部は公証人になり、事実上の定年である70歳で公証人を退官すると、最後は弁護士登録をするというのが一般的な流れのようです。

事実実験公正証書

「事実実験公正証書」とは、公証人が嘱託人の依頼により、特定の物、場所、装置、現象等を目撃・見分し、あるいは関係者の供述を聴取し、その経緯及び内容・結果を記載した公正証書のことをいいます。

将来、紛争が発生するおそれがあるときに、それに備えてあらかじめ証拠を保全する方法の一つとして利用することができます。

貸金庫に関する事実実験公正証書は、相続人の嘱託を受けた公証人が金融機関の貸金庫の開扉に立ち会い、内容を確認し、その結果を公正証書に記載し、その記載が正確なことを確認した嘱託人とともにこれに署名押印します。

コラム　動産はどう分ければいいのか？

遺産分割において、遺産として動産が残っていることがあります。一般に、財産的な価値のない動産（服、写真、家財道具など）は思い出の品ということで、形見分けをすることが多いでしょう。形見分けは、一般的には財産的な価値は考えず、相続人や親族等が集まって思い出の品として動産を分けることになると思います。

これに対して、財産的な価値のある動産であればその評価額が問題になってきます。たとえば、指輪や宝石などの貴金属類、骨董品、美術品などが挙げられます。こうした動産の中には、財産的価値のあるものが含まれている場合もあります。そうすると、動産を遺産分割する際に、その動産の財産的価値をどのように評価するかという問題があります。

一般的には、時価（市場価格）で評価することになると考えられます。例えば、骨董品や美術品などは、骨董商や古美術商にみてもらい、鑑定書を作ってもらうことも考えられます。私が扱った案件の中にも、指輪や宝石等の貴金属類の評価額が問題となった案件があり、インターネットで調べた質屋に評価額を算定してもらったことがあります。

10 家庭裁判所の「家事調停官」として担当した記憶に残る事件

「家事調停官」って何？

「家事調停官」とは、弁護士としての身分をもったまま週1日裁判所に登庁して、家事調停に関し裁判官と同等の権限をもって調停手続を主宰する者をいい、通称「非常勤裁判官」と呼ばれています。

私は、2014年10月1日付けで最高裁判所より家事調停官に任命され、4年間にわたりさいたま家庭裁判所本庁で毎週1日勤務し、数多くの相続事件（遺産分割事件や遺留分請求事件等）を担当しました。

家事調停官時代は、4年間で700件以上（相続関係は約100件）の事件を処理してきました。

家事調停官はいわゆる「非常勤裁判官」と呼ばれるように誰でも任官できるわけではなく、半年以上にわたる厳正な選考手続を経て最高裁から任命されます。このような弁護士は全国的にもそれほど多くはなく、現在、家事調停官に任命され、実際に家庭裁判所に勤務しているのは、全国に4万人以上存在する弁護士のうちの約100名程度にすぎません（さいたま家裁管内では常時4名しかおらず、その4名のうちの1人が私でした）。

家事調停官として中立・公平な裁判所の立場から相続案件を担当するという経験は、①裁判官や調停委員等の裁判所関係者とも親しくなり意思疎通が円滑になることや、②裁判所の考え方や家事事件の手続の理解を深めることにもつながり、他の弁護士とは決定的に異なる私の最大の強みであると自負しています。

家事調停官の日々

私が家事調停官だったのは、2014年10月から2018年9月までの4年間で、毎週木曜日にさいたま家庭裁判所で勤務していました。

朝9時半ころに登庁し、よほどのことがない限り夕方5時過ぎころには退庁します。

家事調停官は、「非常勤裁判官」と呼ばれるように、家事調停に関しては裁判官と同等の権限を与えられていましたので、裁判官室に家事調停官用の机と椅子が用意されており、それを4人の調停官が共用していました。

朝、裁判所に着くと、担当の書記官の方がその日の担当事件の一覧表と翌週の事件記録を用意してくれます。基本的には、翌週の事件記録を読み込み、争点やポイントとなる点を手控えに記載したり、調停委員からのコメントへの回答を記載したりして解決方法を検討します。

調停の時間は、従来は午前の枠（午前10時～正午まで）と午後の枠（午後1時半～4時半ころまで）の2枠でしたが、最近は午後をさらに2枠に分け、全部で1日3枠制になっているようです（裁判所によって多少運用が異なります）。

裁判官や調停官は、全員PHS（懐かしい⁉）を持たされており、調停委員から書記官に評議（調停委員が裁判官や調停官と事件の進行等について協議すること）の連絡があると、書記官が担当裁判官や調停官に、「○号調停室、中間評議」とか、「○号調停室、成立評議」など、評議の内容をPHSのメールで知らせてくれます。それを見て、私は、呼び出しのあった調停室に向かい、調停委員と評議をします。

場合によっては、複数の呼び出しが重なることもあり、その場合は呼び出された順番に調停室から調停室へとハシゴすることもありました。

評議の内容は、法律的に難しい争点に関するものや、気難しい当事者を直接説得してほしいといった依頼、また、調停が成立しそうな場合は双方の合意内容を調停条項にまとめるなど、様々でした。

家事調停官の仕事はやりがいがある

調停官としての仕事は、人生経験豊富な調停委員の皆さんと親しくお話をすることができ、法律的な論点についても弁護士として経験したことのない論点について改めて勉強することができる良い機会になりましたし、気難しい当事者を直接説得して調停を成立させたときには達成感もあり、非常にやりがいのあるものでした。

また、裁判官室で普段はあまり仕事以外の話をすることのない裁判官と、毎週気軽に会話することができ、裁判官の考え方や思考回路を知ることもできました。裁判官や書記官にもいろいろな人がいることがわかり、とても新鮮でした。

4年間にわたる家事調停官としての経験は、その後の私の弁護士としての仕事にも非常に役立っていると感じています。

以下では、家事調停官として担当した記憶に残る事件をご紹介します。

ケース① 相続人である長男から亡き父に対する1800万円の預け金？

教訓
・相続問題は、最初から相続問題に詳しい弁護士に相談・依頼を。

相手方は司法書士に相談

ある遺産分割調停事件では、申立人は被相続人の妻（後妻）、相手方は被相続人の先妻との間の2人の子（長男と長女）で、相続人は3名でした。

遺産は、自宅の土地建物と預貯金等でした。申立人には代理人の弁護士が就いていました。他方、相手方には代理人は就いていませんでしたが、相手方のうち、長男は司法書士に相談していたようで、裁判所に提出する書面は司法書士に作成を依頼していました。

争点は長男が亡き父に預けたとする1800万円!?

問題となったのは、長男が、亡き父に資産運用のために預けたとする現金1800万円で、これは遺産分割の対象外であるから亡き父の預貯金から返還されるべきとの主張でした。

これに対して申立人である後妻は、被相続人が長男から1800万円を預かったという事実自体を否認していました。また、仮に被相続人が長男から1800万円を預かったという事実があったとしても、それは遺産分割の対象ではなく、別途、訴訟で解決すべきと主張していました。

司法書士のアドバイスによる困った主張……

この長男の主張は、司法書士が長男に助言をしたうえで裁判所に提出する主張書面を作成しているようでしたが、これは困った主張でした。というのは、相手方である長男が亡き父に現金1800万円を預けたという事実を裏付ける明確な証拠がないうえ、仮に預けたという事実があったとしても、その行為がどのような「契約」にあたるのか、何度説明を求めても明確な回答がなかったからです。

もし、長男が亡き父に現金を預けたという事実があり、その行為が民法上の**「寄託契約」**という契約であるとすれば、亡き父が預かったお金を長男に返還するという金銭債務を負っていたことになりますが、金銭債務は相続開始と同時に当然に各相続人に法定相続分に応じて分割相続されるため、遺産分割の対象ではないことになります。このため、長男の主張は遺産分割に関する主張ではなく、別途、地方裁判所に訴訟（裁判）を起こして、解決されるべき問題でした。

にもかかわらず、調停委員から要請を受けた私が長男に対してそのことを何度説明しても理解してもらえないばかりか、長男から相談を受けていた司法書士もまた、よく理解していないようでした。

司法書士は家庭裁判所で当事者の代理人にはなれない！

かといって、司法書士には家庭裁判所で当事者の代理人となる資格はありませんので、私から長男に対して本件について弁護士に相談すること、必要であれば弁護士に依頼することを検討してほしいと繰り返し説得しましたが、長男はその司法書士と長い付き合いがあって全幅の信頼をおいているようで、頑として聞き入れませんでした。

調停官としての私からの説明・説得！

そこで、私から長男に対し、仮に亡き父に現金１８００万円を預けたという事実が認められたとしても、この問題はそもそも遺産分割の問題とは別問題であること、このまま主張を変えないのであれば調停成立の見込みはないものとして調停は不成立となり自動的に審判手続に移行すること、審判手続になればこの1800万円の問題は審判で取り上げられることはなく、その時点で実際に存在するプラスの遺産を前提に、その分割方法が決められることになることを繰り返し説明して説得を重ねました。

ようやく長男が理解してくれて調停成立へ

すると、こちらの説得が功を奏したのか、ようやく長男は理解を示してくれ、この1800万円の問題を除いた形で何とか調停成立に漕ぎ着けることができました。

この事件は、相続問題に詳しくない司法書士が関与することで、余計に問題がこじれてしまい事件が長期化してしまった大変残念な事件でした。

やはり、一生に一度あるかないかという相続問題の早期解決には、相続問題に詳しい弁護士に相談・依頼することが重要だと痛感させられた事件でした。

ケース② 実家の土地建物の取得にこだわる長男……、代償金はどうする?

教訓

・不動産の取得を希望する場合は代償金の支払いが必要となることを理解すべし。

長男vsその他のきょうだいの争い

この遺産分割調停事件は、被相続人が亡き父、相続人は5人の子で長女が申立人となり、他のきょうだいを相手方とした申立てでした。

遺産は、実家の土地建物と預貯金でした。

実家で亡き父と同居していた長男が実家の土地建物の取得を希望しており、他方、他のきょうだいは実家の土地建物を売却した金銭での分配を希望していて、話し合いが決裂してしまいました。なお、長女が申立人となっていましたが、実質的には長男vsその他のきょうだいという図式でした。

父と同居していた長男だけが土地・建物の相続を希望…
父
長男
きょうだいたち
金銭での相続が希望です。
申立人♀

遺産の範囲に争いはなく、遺産の評価も路線価（相続税評価額）ベースとすることで合意していました。

争点は特別受益・寄与分の有無と具体的な分割方法

争点は、特別受益と寄与分の有無、さらに、具体的な分割方法でした。

まず特別受益については、実家で亡き父と同居していた長男は亡き父から経済的な援助を受けており、特別受益があるはず、との主張が他のきょうだいからありました。

しかし、この主張については、長男が亡き父から経済的援助を受けていたことを裏付ける明確な証拠はありませんでしたので、長男の特別受益は認められないとすることで解決となりました。

次に、長男が亡き父の家業（農業）を手伝っていたことに関する寄与分の主張をしていたので、この主張について検討しました。

寄与分はやはり高いハードル

本件は、前にご紹介した類型のうちの「家業従事型」といわれる類型です。

家業従事型の寄与分が認められる要件は、ⓘ特別の貢献があること、ⓘⓘ無償性、ⓘⓘⓘ継続性、ⓘⓥ専従性があること、ⓥ特別の貢献と被相続人の財産の維持・増加との因果関係が認められることです。

前にも述べましたが、これをみれば寄与分が認められるためには相当ハードルが高いことがお分かりいただけると思います。

本件では、長男は亡き父の家業（農業）を手伝っていたと主張していましたが、長男自身は他の仕事もしており、ⓘⓥ専従性の要件を満たさないと考えられました。

また、仮に長男にⓘ特別の貢献やⓘⓘ無償性、ⓘⓘⓘ継続性が認められるとしても、ⓥ長男の貢献と被相続人の財産の維持・増加との因果関係が不明でした。

したがって、以上のことを私から長男に説明し、長男の寄与分は認められないということで解決しました。

問題は遺産の具体的な分割方法

このように、特別受益の問題と寄与分の問題は解決しましたが、最後に最も問題となったのは、遺産の具体的な分割方法でした。

すなわち、実家の土地建物について長男が取得を希望していましたが、他のきょうだいは売却して金銭での分配を希望していました。長男が実家の不動産を取得する場合、他のきょうだいに対し、相続分に応じた代償金を支払う必要がありました。

しかし、長男には他のきょうだいに代償金を支払うだけの財産がありませんでした。長男が代償金を支払えないとすると最終的には換価分割となり、不動産を売却して金銭で分配するしか方法がないことになります。

実家に強い思い入れのある長男の説得

私は長男に対し、仮に、調停が不成立となり審判手続に移行した場合、代償金を支払うことができなければ換価分割の審判が出されることになるので、自宅の不動産を売却して金銭で分配するしかないと説得しました。

長男は私の説明を頭では理解してくれましたが、実家に対する思い入れが強く、他のきょうだいとの感情的な対立もあって、実家を売却することに強硬に反対しました。

私としても、長男の実家に対する強い想いを無視することはできず、何とか実家を残す解決策はないかと思案を重ねた結果、自宅の不動産を担保に金融機関から借入れをして、その借入金を代償金の支払いに充てる方法はとれないかと考えました。

そこで、次の調停期日で私は最後の手段としてこの方法を長男に紹介し、金融機関に相談してみるように勧めました。長男はこの方法を一応検討してみるとは言ってくれたものの、結局、金融機関から借入れをすることに難色を示したので、この方法は実現しませんでした。

そして、最終的には、実家を売却して、売却代金を相続人で分配することで調停が成立することになりました。

私としても、何とか長男の想いと他のきょうだいの希望を両立する解決ができないものかと苦心しましたが、最終的には長男の希望に沿う解決にならなかったことは残念でした。

ケース③　特別受益と寄与分の双方が問題……、一定の寄与分を認めた大岡裁き!?

> **教訓**
> ・寄与分の主張はお金だけの問題ではなく、感情的な問題でもあることを認識すべし。

二女vs長男・長女の争い

この遺産分割調停事件は、被相続人が亡き母、相続人は3人の子で、長女と長男の2人が申立人、二女が相手方というものです。

遺産は、実家の土地建物と預貯金でした。

被相続人である亡き母は、生前は要介護度4の状態であり、二女が実家で母親の介護をしていました。

争点はやはり特別受益と寄与分の有無

二女が亡き母の介護を数年間にわたってしていたことによる数百万円の寄与分を主張したため、話し合いが決裂し、長女と長男が調停の申立てをしました。

二女はこの他にも、長女が亡き母から３００万円ほどの生前贈与を受けていたとして、長女の特別受益を主張するとともに、長男も亡き母から結婚式の費用の援助を受けていたとして、長男の特別受益も主張していました。

まず、特別受益については、長女は亡き母から金銭の生前贈与を受けていたことは認めていましたので、長女に特別受益が認められることは早期に解決しました。

他方、長男も、亡き母から結婚式の費用の援助を受けていたことは認めていましたが、結婚式の費用は一般的には特別受益にはならないとされているため、この点も早期に解決しました。

二女の寄与分は認められるか!?

問題は、二女の寄与分の主張でした。二女の寄与分の主張は、いわゆる「療養看護型」といわれる種類のものでした。

療養看護型の寄与分が認められるためには、①一般的な親族間の扶養義務の程度を超える特別の寄与であること（療養看護の必要性、特別の貢献、無償性、継続性、専従性が認められること)、②寄与行為と被相続人の財産の維持・増加との因果関係が認められることが必要とされています。

寄与分(療養看護型)が認められる目安は?

療養看護型の寄与分が認められるには、要介護度2以上の状態にあることが一つの目安とされていますので、本件の被相続人の要介護度は、寄与分が認められる目安に達していました。

しかし、二女はアルバイトをしながらある国家試験の受験勉強をしていたなどの事情があったため、「専従性」の要件を満たすかどうかが微妙な状況でした。

また、寄与分を主張する相続人が被相続人所有の自宅に居住していたなどの利益を受けている場合、算定された寄与分額から居住の利益相当額を差し引くこととされていますので、この点も考慮する必要がありました。

調停だからこそできる大岡裁き!?

そこで、仮に調停が不成立となって審判手続に移行した場合、審判で二女の主張する数百万円の寄与分の全額が認められるのは難しいであろうとの予測のもと、二女の心情も酌み、二女が主張していた数年分ではなく、1年分のみ認めることにしました。

寄与分の具体的な計算方法は？

具体的な計算は、介護保険における要介護度４に相当する介護報酬基準額の１年分に相当する額に、居住の利益などを考慮した**「裁量割合」**として実務で平均的な０・７を乗じることとし、その方法で算出した金額（約２００万円）を二女の寄与分として認めることにしました。

不動産の評価額は、約３５００万円でしたので具体的な計算式は次のとおりです。

① 3500万円＋300万円（長女の特別受益）－200万円（二女の寄与分）
＝3600万円**（みなし相続財産）**

② 3600万円×$\frac{1}{3}$＝1200万円（一応の相続分）

③ 具体的相続分
・長男：１２００万円
・長女：９００万円（＝1200万円－300万円（特別受益））
・二女：１４００万円（1200万円＋200万円（寄与分））

寄与分の主張に配慮し、何とか調停成立へ

この計算式を示して当事者全員に説明したところ、二女も含めて全員が納得してくれました。具体的な分割方法としては、自宅に住んでいた二女が自宅不動産を取得し、自身の具体的相続分を超える金額については代償金として、長男と長女に分割で支払うことで調停が成立しました。

本件は、審判で、どの程度の寄与分が認められるか明確な予測がつきにくい事案でしたが、話し合いによる解決手続である調停という場であるため、二女の想いや苦労を慮って一定の寄与分を認めることとしたことが解決のポイントでした。まさに調停だからこその醍醐味を感じられた事件でした。

CHECK!

寄託契約

「寄託契約」とは、手荷物の一時預かりのように、物の保管を目的とする契約のことをいいます。ごく簡単にいうと、相手に物を預ける契約のことです。

裁量割合

「裁量割合」とは、療養看護型の寄与分が認められる場合には、様々な事情を考慮してその金額を調整するのですが、一切の事情を考慮したその調整割合のことを「裁量割合」といいます。

通常は、0・5から0・8程度の間で適宜修正されており、実務では、0・7あたりが平均的な数値とされています。

みなし相続財産

「みなし相続財産」とは、相続開始時の遺産の評価額に特別受益があれば持ち戻し（加算し）、他方、寄与分があればそれを控除して算定するものです。

本文中のケース③のように、特別受益が認められる相続人と寄与分が認められる相続人の両者がいる場合、これらを同時に考慮して「みなし相続財産」を計算するというのが実務の扱いです。

コラム　遺産分割調停に欠席するとどうなる？

他の相続人から突然、遺産分割調停の申立てをされたとき、仕事などの用事のため、どうしても指定された期日に出頭できないこともあると思います。家庭裁判所から調停期日に出頭するよう呼出しを受けたにもかかわらず欠席した場合、調停はどのように進んでいくのでしょうか？

まず、欠席者がいても遺産分割調停の期日は開かれます。遺産分割調停を成立させるには相続人全員の合意が必要ですが、途中の話し合いの段階では必ずしも全員が関与していなくても問題ないからです。当事者のうち欠席した者がいたとしても、出席している当事者だけから話を聞くことになります。

また、遺産分割調停にどうしても出席できないのであれば、期日の延期希望などを申し入れることも可能です。

ただ、何の連絡もせずに欠席し、裁判所からの連絡にも応答しないのが一番悪い対応方法です。どうしても遺産分割調停に出席できないのであれば、事前に家庭裁判所に連絡を入れて、指定された日に出席できないことと、いつなら出席可能なのかを伝えるべきです。

その他の方法として、たとえば、遠隔地である場合や高齢などの理由で毎回出席することが難しいなどの事情がある場合には、弁護士を代理人に選任したり、電話会議システムを利用することが考えられます。

では、遺産分割調停に欠席したらどのようなデメリットがあるのでしょうか?

調停期日に出頭しないもっとも大きなデメリットは、自分の主張内容を聞いてもらえないということです。調停の主な進行役は調停委員です。その調停委員に対して相手方が一方的に話をしていると、当然、欠席者には分が悪くなる危険性があります。調停を有利に進めたいのであれば、やはり、自分もきちんと出席して調停委員に言いたいことを伝える必要があります。

また、遺産分割調停期日での欠席が度重なると、裁判所に調停成立の見込みがないものと判断されて、調停は不成立となり、自動的に「審判」手続に移行してしまうおそれもあります。審判手続になると、最終的には裁判官が遺産分割の方法を決定します。そうすると、当事者の希望どおりにならない可能性がありますので注意が必要です。

第2章

「泥沼」相続争いの事件簿

［遺留分・その他編］

1

納得できない遺言が出てきた!?

～亡き母親の異父きょうだいに対する遺留分請求

教訓

・遺言を無効にするのはハードルが非常に高いことを認識すべし。

亡き母親の怪しげな遺言が出てきたが……

依頼者は40代の男性でした。

亡くなった母親が、父親の異なる依頼者の異父きょうだいに対し、全財産を遺贈する旨の**「自筆証書遺言」**を作成していました。

しかし、その便箋2枚の「遺言書」が発見されたのが、母親が亡くなってから何と10年

(!?) も経ったあとであったこと、「遺言書」を発見したのが財産をもらう異父きょうだい自身であったこと、「遺言書」を発見した経緯についての説明が二転三転していたこと、自分の息子の名前の漢字を間違えていたこと、筆跡が母親のものではないのではないかなど、これでもかというほど不審な点が盛りだくさんでした。

そこで、遺言を無効にできないかとのご相談を受けたのです。

そのとき既に、異父きょうだいから、遺言に基づき、土地所有権の移転登記を求める訴訟が提起されており、その対応をどうするか決めなければなりませんでした（なお、遺言が「自筆証書遺言」であったこともあり、**「公正証書遺言」**であれば必ず用いられる**「相続させる」**との文言を使っていなかったため、相続人による単独申請による移転登記ができない事案でした）。

遺言を無効にするのはハードルが高い!?

まず私は、曲りなりにもご本人の署名・押印がある以上、遺言を無効にするのは相当ハードルが高いことをご説明しました。そして、依頼者と協議した結果、裁判所が判断するのであれば仕方がないとのことで、裁判では遺言の無効を主張しつつ、仮に遺言の無効を認めてもらうのが難しいようであれば、予備的な主張として、遺言が有効であることを前提に、遺言により侵害されている**遺留分**の請求権を行使して一定の金銭の支払いを求めるという方針で訴訟を進めることになりました。

訴訟では案の定、遺言は有効!?　和解成立へ

その後、私が正式に受任し、依頼者の代理人として訴訟を進め、前述の多くの不審点を指摘しつつ遺言が無効であることの主張を粘り強く展開しましたが、裁判官の心証としてはやはり当初の想定どおり、証拠上なかなか遺言が無効であるとまでは断定できないというもののようでした。

そこで、当方としては、遺言が有効であることを前提に、遺言により侵害された遺留分の請求権を行使したうえで、相手方の代理人と期日間で交渉を重ねました。その結果、当方が遺産である不動産の移転登記手続に応じる代わりに、一定の金銭を支払ってもらうことで依頼者の納得も得て合意が成立し、和解成立に至りました。

この事案では、遺言の有効性について怪しいと思わせる不自然・不可解な点が数多く存在しましたが、実際に遺言を無効にすることのハードルが相当高いことを改めて再確認することになりました。

CHECK!

自筆証書遺言

「自筆証書遺言」とは、遺言者が遺言書の全文（財産目録を除く）、日付及び氏名を自分で書き、押印して作成する方式の遺言です。

自筆証書遺言については、遺言者が亡くなった後、当該遺言書を保管していたり、発見した相続人らは、家庭裁判所に遺言の検認の申立てをしなければなりません。

なお、この自筆証書遺言では、公正証書遺言と比較して遺言の有効性をめぐって争いになることが多くあります。

公正証書遺言

「公正証書遺言」とは、遺言者が遺言の内容を公証人に伝え、公証人がこれを筆記して公正証書による遺言書を作成する方式の遺言です。

公証人は、公証人法に基づき、法務局又は地方法務局に所属して、公証人役場において関係人の嘱託により公正証書の作成や書類の認証等を行う公務員です。

公正証書による遺言には次のようなメリットがあるといわれています。

①　内容的に適正な遺言ができる。

②　遺言意思が確認できるから、無効などの主張がされる可能性が低い。

③　公証人が原本を保管するので、破棄・隠匿されるおそれがない。また、相続人による検索が容易である。

④　家庭裁判所の検認の手続が不要である。

なお、公正証書遺言の作成には、証人2名以上の立会いが必要となります。

「相続させる」旨の遺言

「相続させる」旨の遺言とは、単なる「遺贈」（被相続人が遺言によって無償で自己の財産を他人に与える行為のこと）よりも次のような長所があるため、公正証書遺言では相手が相続人の場合、「遺贈」ではなく「相続させる」との文言を用いるのが普通の取扱いです。

①　不動産の所有権移転登記手続において、遺贈の場合には他の相続人と共同で申請しなければならないのに対し、「相続させる」旨の遺言の場合には単独で申請できます。

②　遺産が借地権又は賃借権の場合、遺贈であれば賃貸人の承諾が必要であるのに対し、「相続させる」旨の遺言の場合には賃貸人の承諾は不要とされています。

判例では、「相続させる」旨の遺言の場合、特定の遺産は遺産分割協議の対象から除外され、被相続人の死亡と同時に直ちに特定の相続人に所有権が移転するとされています。

なお、相続法の改正により、特定の財産を「相続させる」旨の遺言は、「特定財産承継遺言」と呼ばれるようになりました。

遺留分

「遺留分」とは、被相続人が有していた相続財産について、その一定の割合の承継を一定の法定相続人に保障するもので、兄弟姉妹を除く法定相続人（配偶者、子、親）に保障されている最低限の取り分のことをいいます。

遺留分の割合は、直系尊属（通常は両親）のみが相続人である場合は被相続人の財産の3分の1ですが、それ以外の場合は被相続人の財産の2分の1です。

直系尊属（両親）のみが相続人となる場合はそれほど多くないため、通常は配偶者や子の法定相続分の2分の1と覚えておけばよいでしょう。

遺留分の権利を行使することを以前は遺留分「減殺」請求と呼んでいましたが、後述するように、相続法の改正により、遺留分「侵害額」請求と呼ばれるようになりました。

遺留分の請求権は、遺留分の権利者が相続の開始及び遺留分の侵害があったことを知った時から1年以内に行使しなければ時効で消滅してしまいますので注意が必要です。
ちなみに、兄弟姉妹には遺留分がないので、子や親のいないご夫婦の場合、ご自身が亡くなった後の紛争を防ぐために自分の財産を他方の配偶者に「相続させる」旨の遺言を互いに残しておくことが有効です。

コラム

自筆証書遺言制度の見直し・緩和（一部自書でなくともOKに）

改正された自筆証書遺言制度が2019年1月13日に施行されました。改正のポイントは次のとおりです。

●添付する財産目録については自筆の制限がなくなったため、ワープロ打ちの書面や登記事項証明書、通帳の写しでも可。
●財産目録は、ページごとに遺言者の署名・押印が必要。

この改正はとても大きな改正だと思います。全文を自筆で書くというのは、特にご高齢の方にとっては大変な負担でした。

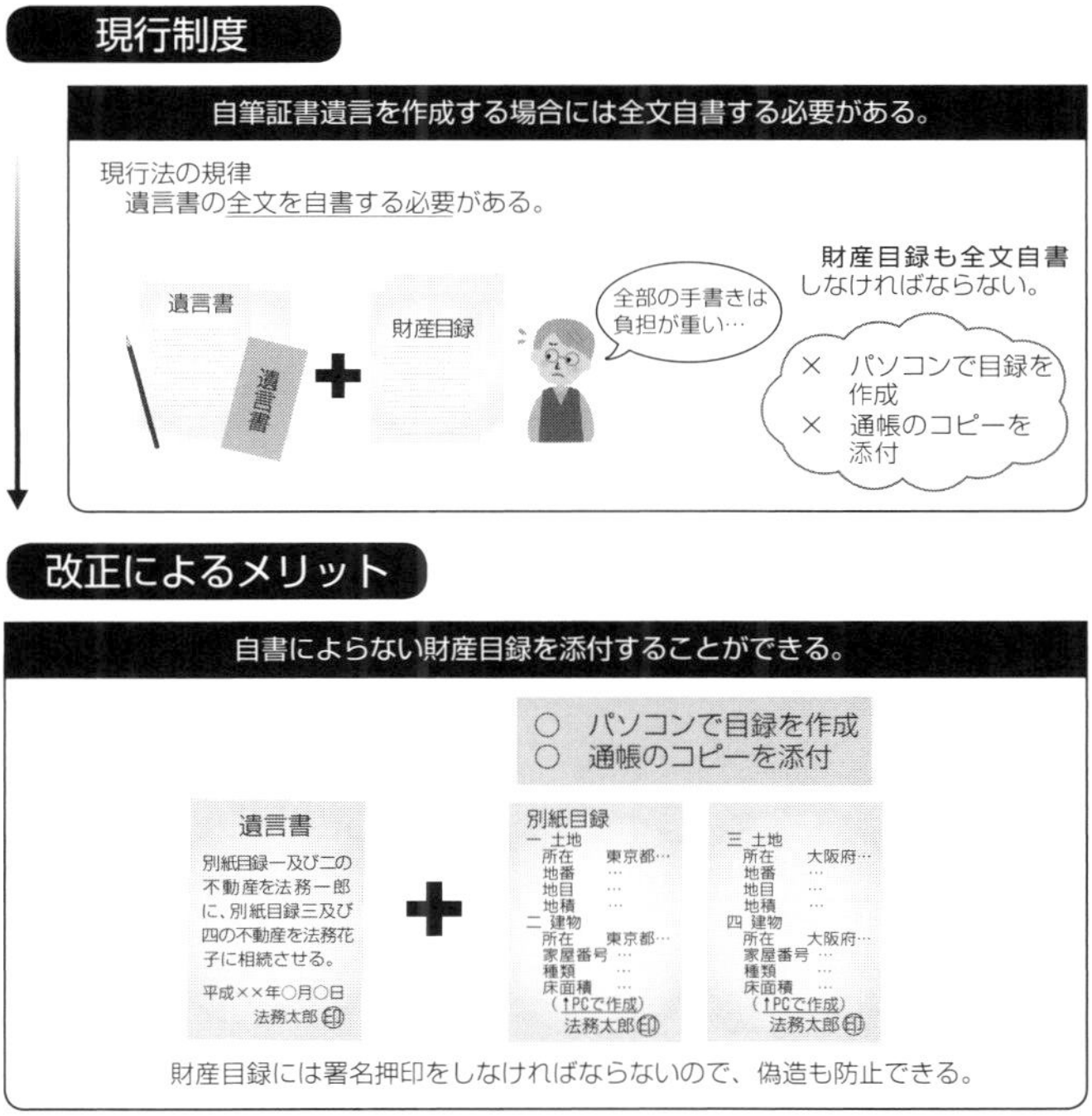
現行制度
自筆証書遺言を作成する場合には全文自書する必要がある。
現行法の規律
遺言書の全文を自書する必要がある。
財産目録も全文自書しなければならない。
遺言書
財産目録
全部の手書きは負担が重い…
× パソコンで目録を作成
× 通帳のコピーを添付
改正によるメリット
自書によらない財産目録を添付することができる。
○ パソコンで目録を作成
○ 通帳のコピーを添付
遺言書
別紙目録一及び二の不動産を法務一郎に、別紙目録三及び四の不動産を法務花子に相続させる。
平成××年○月○日
法務太郎 印
別紙目録
一 土地
所在 東京都…
地番 …
地目 …
地積 …
二 建物
所在 東京都…
家屋番号 …
種類 …
床面積 …
（↑PCで作成）
法務太郎 印
三 土地
所在 大阪府…
地番 …
地目 …
地積 …
四 建物
所在 大阪府…
家屋番号 …
種類 …
床面積 …
（↑PCで作成）
法務太郎 印
財産目録には署名押印をしなければならないので、偽造も防止できる。

（出典）法務省ウェブサイト

今回の改正により、誰に何を相続させるかという遺言書の要の部分などについては自書する必要がありますが、財産目録については自書する必要がなくなりましたので、ずいぶん負担が軽減されることになったと思います。

改正による今後の実務への影響ですが、後述する遺言書の保管制度の創設とあいまって自筆証書遺言の活用が促進されることが見込まれています。

2　姉に対して遺留分を請求したら
～協議により比較的早期に解決！

教訓
・交渉が決裂して裁判になった場合に、裁判所が出すと予想される判断を見通すべし。
・予想される判決から逆算して、どのような主張をすべきかを検討すべし。
・依頼者に方針を丁寧に説明しなければ納得は得られない。

姉に全財産を遺贈するとの遺言が見つかった

依頼者は50代の女性でした。

ご相談内容は、母が亡くなったあと自筆証書遺言が見つかり、その内容が、依頼者の姉に全ての財産を遺贈するという内容であったため、依頼者が姉に対して遺留分の請求をしたいというものでした。なお、父は既に亡くなっており、相続人は姉妹2人のみでした。

そこで、正式にご依頼を受け、依頼者の代理人として遺留分の権利を行使したうえで、姉と交渉することになりました。

まず、当方から、相手方である姉に対し、遺留分請求権を行使する旨の**内容証明郵便**を送付したところ、相手方も弁護士を代理人につけたので、その後は代理人同士の交渉になりました。

本件の争点は、次の3点でした。

争点① 亡き母の介護への貢献に対する謝礼金

姉は、生前に母の介護をするなどの面倒をみていました。このため、姉は亡き母から毎月介護の謝礼を受け取っていましたが、亡き母の生前に受け取る約束をしていたものの、まだ残りの240万円を受け取っていないので、その分は当方が主張している遺留分の額から控除するべきだというのが姉の主張でした。

争点②　亡き母が有していた借地権の評価額

亡き母は、都内の土地の借地権とその土地の上に建っている自宅を所有していました。依頼者も姉も、その家に住むことは考えていなかったので、その借地権と自宅を処分することに争いはありませんでした。

しかし、借地権評価額が諸事情により姉側では低く見積もられており、当方が主張する評価額との間に相当の開きがありました。

争点③　姉妹が受け取った生前贈与の扱い

姉妹は、被相続人である亡き母の生前に、それぞれ２００万円の贈与を受けていました。両者ともに受け取ったことは認めていましたが、依頼者は、父が亡くなったときの遺産分割協議の際にその生前贈与について精算済みであり、他方、姉は精算をしていないので、母からの２００万円の生前贈与については、姉のみが特別受益として持ち戻しの対象とすべきであると依頼者は主張しました。

これらの3つの争点につき、次のとおり、弁護士同士による交渉が進められました。

弁護士同士による交渉……争点①について

亡き母の生前に、亡き母と姉との間で240万円の謝礼を受け取るとの合意があったので240万円を依頼者の遺留分から控除するとの姉の主張に対しては、依頼者の意向どおり、そのような控除は認められないとの主張を展開しました。

というのは、万一、遺留分に関する交渉が決裂して裁判になった場合、亡き母と姉との間にそのような合意があったことを立証する客観的証拠がないため、姉の主張が裁判で認められる可能性は低いと考えられたからです。

また、仮に裁判で姉から寄与分の主張がなされたとしても、**寄与分の主張は遺留分の額の減額理由にはならない**からです。

その結果、姉側は当方の主張を認め、自らの主張を撤回しました。

弁護士同士による交渉……争点②について

当初、私が路線価を80％で割り戻した金額に借地権割合を乗じた金額を評価額としたところ、姉側の主張は次のとおりでした。亡き母が生前に地主との間で自分が亡くなったら自宅を取り壊して更地にして土地を返還するという口約束をしていたこと、借地権を譲渡するには賃貸人である地主の承諾が必要となるが、地主が承諾する見込みがないこと、仮に地主が承諾するとしても承諾料を請求される可能性が高いこと、などの事情から、不動産会社の査定額は、路線価基準による評価額よりも相当低額なものでした。

この争点については姉側の主張にも一理ありましたので、交渉が決裂して裁判になった場合、姉側の主張が認められる可能性も高いことを考慮し、姉側の主張に譲歩することを依頼者に説明して納得していただきました。

弁護士同士による交渉……争点③について

生前贈与の持ち戻しの争点については、父が亡くなったときの遺産分割協議の際にその生前贈与について精算済みであることの立証が難しいことや、裁判になった場合に要する時間・費用・労力を考慮し、双方の主張の間をとって、200万円の半額だけ持ち戻すということで合意を得るように説明したところ、依頼者に納得していただきました。

和解成立

以上のように、3つの争点について1つずつ交渉した結果、最終的には合意が成立して裁判をせずに解決に至りました。

合意内容としては、依頼者が遺留分を主張した際の姉からの最初の提示額は約400万円でしたが、粘り強く交渉した結果、約600万円に増額することができました。

それぞれの争点について、もし、交渉が決裂して裁判になった場合に裁判所が出すと予想される判決まで見通したうえで、そこから逆算して交渉の段階でどのような主張をすべきかを方針として依頼者に丁寧にご説明して納得を得られたことが、最終的に交渉は決裂せずに、比較的早期の解決につながったと考えています。

CHECK!

内容証明郵便

「内容証明郵便」とは、いつ、いかなる内容の文書を誰から誰宛に差し出されたかということを、差出人が作成した謄本によって日本郵便が証明する制度のことをいいます。

後日、一定の内容の書面が相手方に送達されたことを立証するための証拠として、弁護士が利用する場合には必ず配達証明を付けます。

弁護士の仕事では日常的に利用する制度ですが、相続案件の中では特に、遺留分の請求権を行使する際に利用します。そして、その際には必ず、配達証明付きの内容証明郵便を利用することになります。

寄与分と遺留分の関係

「寄与分と遺留分の関係」はやや複雑です。遺産分割の場面と遺留分請求の場面とで扱いが異なります。

① 遺産分割の場面

遺産分割において、相続人の1人に寄与分が認められた場合に、他の相続人の遺留分を侵害するような寄与分の額を定めることができるか否かという論点に関しては、寄与分の額は相続財産から「遺贈」の額を控除した残額を超えることができないという制限はあるものの、それ以外に上限はないため、遺贈の額を控除した額の範囲内であれば遺留分の額に食い込む寄与分が認められることもあります。

たとえば、相続人が子A・B・Cの3人の場合を考えてみます。

相続開始時の相続財産が3000万円で、Aの寄与分が仮に2100万円と裁判所に認められた場合、BとCの具体的相続分はいくらになるのでしょうか?

まず、Aの寄与分を認めない場合のBとCの遺留分は各500万円です（3000万円×$\frac{1}{2}$×$\frac{1}{3}$）。

しかし、Aの寄与分を2100万円と認めた場合、遺産分割の結果、BとCは、各300万円を（(3000万円－2100万円)×$\frac{1}{3}$）、Aは2400万円（300万円＋2100万円）を取得することになります。

つまり、BとCはその遺留分（500万円）すら確保することができないことになります。

では、寄与分を有する相続人への遺留分請求ができるかというと、遺留分請求の対象となるのは法律上、遺言による財産の譲渡である「遺贈」と生前の「贈与」に限られているため、寄与分は遺留分請求の対象になりません。

結局、遺留分を確保できないBとCは、寄与分が認められたAに対して、遺留分請求をすることはできないことになります。

② 遺留分請求の場面

これに対し、相続人の一人が生前「贈与」や遺言による「遺贈」を受けていて他の相続人の遺留分を侵害している場合、他の相続人からの遺留分請求に対して請求額を減らすために寄与分を抗弁として主張することができるかどうかについては、遺留分請求訴訟において寄与分を抗弁として主張して請求額の減額を主張することはできないとされています。

理由としては、寄与分の主張が許されるのは前述のとおり、法律上遺産分割の場合等に限定されていること、遺留分請求は地方裁判所（又は簡易裁判所）の訴訟によって行使される権利であるのに対し、寄与分は家庭裁判所の審判対象であるため、遺留分の問題と寄与分の問題は地方裁判所（簡易裁判所）と家庭裁判所とで管轄が異なるというのが理由とされています。

本文の事例は後者の②の場面、つまり遺留分請求の場面ですので、仮に遺留分請求の裁判（訴訟）になった場合、相手方は寄与分の主張をして遺留分の請求額の減額を主張することはできないということになるのです。

コラム　遺留分制度の見直し

遺留分の請求はこれまでは、遺留分「減殺」請求権といい、自らの遺留分が侵害されている場合にこの請求権を行使すると、不動産等について遺留分権利者と請求を受けた者との共有関係になっていました。

しかし、特に不動産が共有関係になるとすると、持分の計算も非常に複雑ですし、現在社会問題となっている中小企業の事業承継の支障になっているという不都合がありました。

そこで今回の法改正により、共有関係になるのではなく、遺留分侵害額に相当する単純な金銭債権のみが発生（遺留分「減殺」請求権→遺留分「侵害額」請求権）することになりました。

これまで私が担当した案件でも、共有関係になった持分の計算がとても複雑で、分母と分子が非常に大きな数字となってしまうことが多々ありましたが、今回の改正により、単純な金銭債権になったので、とてもすっきりした印象です。

現行制度

① 遺留分減殺請求権の行使によって共有状態が生ずる。
← 事業承継の支障となっているという指摘

② 遺留分減殺請求権の行使によって生じる共有割合は、目的財産の評価額等を基準に決まるため、通常は、分母・分子とも極めて大きな数字となる。
← 持分権の処分に支障が出るおそれ

事例

経営者であった被相続人が、事業を手伝っていた長男に会社の土地建物（評価額1億1,123万円）を、長女に預金1,234万5,678円を相続させる旨の遺言をし、死亡した（配偶者は既に死亡）。遺言の内容に不満な長女が長男に対し、遺留分減殺請求

長女の遺留分侵害額
1,854万8,242円＝
（1億1,123万円＋1,234万5,678円）×1／2×1／2－1,234万5,678円

（現行法）
会社の土地建物が長男と長女の
複雑な共有状態に
持分割合
➡長男　9,268万1,758/1億1,123万
長女　1,854万8,242/1億1,123万

改正によるメリット

① 遺留分減殺請求権の行使により共有関係が当然に生ずることを回避することができる。
② 遺贈や贈与の目的財産を受遺者等に与えたいという遺言者の意思を尊重することができる。

（改正後）
遺留分減殺請求によって生ずる権利は金銭債権となる。
同じ事例では、長女は長男に対し、
1,854万8,242円　請求できる。

（出典）法務省ウェブサイト

3　他の相続人から提起された遺産分割協議無効確認訴訟に勝訴！反対に、その相続人に対して遺留分請求訴訟を提起!?

> **教訓**
> ・無茶な請求でもきちんと一つひとつ丁寧に対応すべし。
> ・「陳述書」はポイントをおさえてできる限り具体的・詳細に記述すべし。

10年以上前の遺産分割協議は無効!?

依頼者は60代の男性でした。

弁護士を代理人につけた母親と妹から、10年以上前に成立した亡き父を被相続人とする遺産分割協議は無効であること及び母親名義の自宅から退去しろなどと主張され、困惑しているとのご相談でした。

そこで、私が正式にご依頼を受け、代理人として対応することになりました。

代理人同士で協議したものの調停に

私が代理人として相手方代理人と協議しましたが、相手方は主張を取り下げるつもりはなく、簡易裁判所に調停の申立てがなされました。

調停の場でも、相手方は遺産分割協議は無効であるとの一点張りであったため、調停は不成立となりました。

そして、遺産分割協議無効確認訴訟、結果は当方が勝訴!

その後、母親が原告となり、依頼者と妹を被告として、遺産分割協議無効確認訴訟を提起されました。

私は依頼者の亡き父を被相続人とする遺産分割協議に関与した税理士のご協力を得て、遺産分割協議の状況をできるだけ具体的に再現する詳細な**陳述書**を作成し、裁判所に提出しました。

すると裁判官から、遺産分割協議は有効であるとの当方勝訴の心証を開示されました。

遺留分請求訴訟を提起！

そうしたところ、原告である依頼者の母親が訴訟中に亡くなってしまいました。

このため被告である妹が、亡くなった母親の原告としての地位を承継し、訴訟が継続されることになりました。

ところが、亡くなった母親が、妹に全財産を相続させる旨の公正証書遺言を残していたことが判明したのです。

そこで今度は、依頼者が原告となり、妹を被告として、遺留分（減殺）請求訴訟を提起しました。

使途不明金の問題を乗り越えて、当方の勝訴的和解に

実は、当方の調査により、この妹が被相続人である亡き母名義の預金口座から多額の金銭を引き出していたことが判明していたため、その使途不明金の扱いをめぐって審理は難航しました。

というのは、その使途不明金について、妹が亡き母から生前贈与を受けたことが認められれば、特別受益として依頼者の遺留分を算定するための基礎財産に加算し、依頼者の遺留分を増額することができますが、妹が亡き母から生前贈与を受けたことが認められなければ、この遺留分（減殺）請求訴訟とは別に、使途不明金問題を解決するための訴訟を改めて提起しなければならなくなるからです。

当方がその旨の主張をしたところ、妹側は使途不明金問題も一体的に解決したいとの要望を出しました。

そこで当方は、妹側に使途不明金の使途及びその裏付けとなる領収証の提出を求めました。

そうして最終的に、使途が明らかになった使途不明金の一部を除き、そのほとんどを遺留分算定の基礎財産に加算することになり、依頼者の遺留分の額を大幅に増額することができました。

その結果、亡き父を被相続人とする遺産分割協議が有効であることを確認し、亡き母親名義の自宅については、遺言により相続した妹と依頼者との共有としたうえで売却し、売却代金の中から依頼者が遺留分に相当する金銭を取得するという内容で、当方の勝訴的な和解が成立しました。

当方勝訴の要因は!?

10年以上前の遺産分割協議が無効であるとの相手方の主張についてはもともと無理がありましたが、当時、その遺産分割協議に関与した税理士にご協力いただき、裁判官が重視するポイントをおさえた説得的な陳述書を作成したことが、裁判官による当方勝訴の心証形成につながりました。

また、亡き母親の遺言による妹に対する遺贈に対し、遺留分（減殺）請求訴訟を提起し、妹の特別受益等の主張・立証を粘り強く続けた結果、当方の勝訴的和解につながりました。

依頼者からは、長年にわたって慣れ親しんだ自宅を退去することはとても残念だが、相応の金額（約2000万円）を取得することができたうえ、これまでの精神的な負担から解放されたことに感謝していただきました。

CHECK!

陳述書

陳述書とは、訴訟（裁判）や調停等の裁判所の手続において提出されるもので、当事者やその他の関係者が体験した生の事実関係等についての陳述内容を記載した書面のことをいいます。今日の訴訟手続や調停手続においては、ごく一般的に利用されています。

コラム

遺留分の請求には期限がある？

遺留分侵害額請求権の行使は、遺留分権利者が相続の開始と遺留分を侵害する贈与又は遺贈があったことを知った時から1年内、又は相続開始時から10年内にしなければならないという権利行使の期間制限があることに注意する必要があります。

遺留分侵害額請求をする場合、最も注意が必要なのは1年の期間制限です。「相続の開始」及び「遺留分を侵害する贈与又は遺贈があったことを知った時」から1年が期間です。その期間内に相手方に対して配達証明付内容証明郵便を送付し、相手方に通知が届く必要があります。

もっとも、遺留分侵害額請求をした場合、遺留分侵害額を金銭で支払うよう請求する金銭債権が発生しますが、この金銭債権の消滅時効期間は、遺留分侵害額請求権自体に関する1年又は10年の期間制限とは別問題です。

つまり、いったん遺留分侵害額請求権を行使すれば、これにより発生する金銭債権の消滅時効期間は、2020年4月1日に施行された民法改正により、5年となるのです（従来は10年でした）。

ところで、自分の遺留分を侵害するような遺言が発見された場合、その遺言が無効ではないかとして争っていたとしても、1年以内に遺留分侵害額請求権を行使しておかないと、結局、遺言が有効であった場合、もはや遺留分侵害額請求権が時効で消滅してしまっているおそれがあります。

そこで、自分の遺留分を侵害する遺言が発見された場合には、遺言が無効ではないかと考えたとしても、万一遺言が有効とされる場合に備えて、予備的に遺留分侵害額請求権を行使しておくことが必要となります。

4　他の相続人が被相続人の生前に
その預金を使い込んでいた⁉

教訓

・相続争いはいつ顕在化してもおかしくない。

妹が父親の預貯金を使い込んでいた⁉

依頼者は50代の男性でした。

ご相談内容は、父親が亡くなり、相続人は本人と妹の兄妹2人だけなのですが、司法書士及び税理士の関与のもと遺産分割協議を成立させたあとで、妹が、被相続人の生前に多額の預貯金を引き出していたと思われることが判明し、一定の金額を返還してほしいというものでした。

そこで、遺産分割協議は有効であることを前提に、本来、遺産分割協議の際に妹による多額の引出しの事実が明らかになっていれば分割協議の際に考慮できたはずであったにもかかわらず、妹がそのことを隠していたため、分割協議で考慮できなかったとして、妹に対して**不当利得返還請求訴訟**を提起することで受任しました。

不当利得返還請求訴訟の提起～和解成立へ

訴訟提起後、妹は、被相続人から生前贈与を受けたことを主張しました。

しかし、もし、そうであれば、遺産分割協議の際に特別受益として考慮すべきであったのに、それを考慮せずに分割協議を成立させながら、今になってそのような主張をすることは、「信義則」違反として許されるべきではないとの主張を当方は展開しました。

双方、主張・立証を尽くした結果、裁判官から和解勧告があり、最終的には相手方が一定額の和解金を支払うことで和解が成立しました。

本件では、途中から紛争性が顕在化したにもかかわらず、遺産分割協議の際に弁護士が関与していなかったため、その後の深刻な紛争に発展したと考えられることから、遅くとも紛争が顕在化した段階で、弁護士が遺産分割協議に関与すべきでした。

そうすれば、遺産分割協議の際に特別受益の存在も明らかとなり、その存在を考慮した内容の分割協議を成立させることができ、その後の無用な訴訟を争う必要もなかったと思われます。

したがって、当初は争いがなかったとしても、いつ、紛争性が顕在化するかわかりませんし、前にも述べたように紛争案件を扱えるのは弁護士だけですから、相続問題は、できるだけ早めに、弁護士に相談することをお勧めします。

CHECK!

不当利得返還請求訴訟

「不当利得返還請求訴訟」とは、被相続人の財産（主に預貯金）に使途不明金があり、これを相続人の1人が使い込んでいたというような場合に、その不当に得た利益（不当利得）の返還を求める訴訟のことをいいます。

相続でトラブルとなる場合、このような使途不明金が問題となるケースは非常に多いです。使途不明金をめぐる争いは、遺産分割の問題とは別の問題とされているため、遺産分割調停等とは別に相手方との交渉や訴訟で解決するしかないのです。

コラム

使途不明金問題はお金と感情が複雑に絡み合うからモメる！

使途不明金の問題は、多くの場合、被相続人である親と同居していたり、近くに住んでいる子が、親の面倒をみたり介護をしているうちに親の預貯金や印鑑等の管理もするようになり、「他のきょうだいは親の面倒をみたり介護をしていないのだから、親の面倒をみたり介護をしている自分が他のきょうだいよりも財産を多くもらって当然だ」と考えることが発端となります（もっとも、中には親の面倒もみていないのに、たまたま近くに住んでいるというだけで、これ幸いと親のお金を使い込む人もいますが……）。

他方、他のきょうだいからすれば、親の面倒をみたり、介護をしていたりするということで自分たちよりある程度多くもらうのはよいとしても、あまりにも多くの財産をもらうのはおかしいと考えます。そして、多額の使途不明金について、その使途を知りたいと考えるものです。

もともと、きょうだいの折り合いが悪かったりすると、感情的なもつれがお金の問題と絡み合って、非常に激しい対立になることが多いです。

「これはお金の問題ではなく気持ちの問題だから、とにかく、採算は度外視で白黒はっきりさせたい」という趣旨のことをおっしゃる相談者も多くいらっしゃいます。
また、感情的になってしまっている方の中には、親が亡くなったあと、その預貯金口座があった金融機関に行き、ご自身で取引履歴を取り寄せて、引き出されたお金を細かくチェックしたりする方もいらっしゃいます。

一方、お金を引き出す側からすると、うしろめたさもあるのか、あとで問題となったときにお金の流れを証拠に残さないようにするため、親の預貯金口座から自分の預貯金口座へ振り込んだりせず、ＡＴＭで一日に引き出せる一般的な限度額である「50万円」を月に数回、ひどいケースでは連日のように引き出し、それらの引出し額を合計すると数千万円にものぼる多額の使途不明金が判明する、という事案も決して少なくありません。

このような事案では、まずは使途不明金を整理して相手方に書面を送り、その使途や裏付け資料となる領収証の開示を求めます。相手方から回答があれば、その回答を精査して交渉を継続します。

しかし、このような事案では、相手方から回答がないか、あったとしてもこちらの納得のいく回答ではない場合が多いです。

そうすると次は、不当利得返還請求訴訟を提起するしか方法がなくなってしまうのです。使途不明金の訴訟は、こちらには被相続人の預貯金口座から多額の金銭が引き出されたという証拠しかなく、相手方がほとんど全ての証拠を握っているという構図の訴訟になります。

このため、相手方の不当利得が認められるかどうかは、相手方が明確に使途を説明できるか否か、正当な支出であることの裏付けとなる領収証があるか否かなどの事情から、最終的には裁判官の総合的な判断に委ねられることになります。

こういう事情のため、使途不明金をめぐる不当利得返還請求訴訟は、最終的な裁判官の判断の予測がつきにくい難しい訴訟類型となります。

5 他の相続人が行方不明で連絡がとれない!? 〜遺言執行の代理業務を受任！

教訓

・遺言執行者は初めから弁護士を指定すべし。
・弁護士が遺言執行者に指定されていない場合は早めに弁護士に相談・依頼を。
・遺言の執行は、不動産の登記を優先的に進めるべし。

「遺言執行者」の代理人に就任!?

依頼者は60代の男性でした。

依頼者のお亡くなりになった父親は、生前、全財産を奥様（相談者の母親）に相続させる旨の公正証書遺言を遺されていました。

相続人は、被相続人の妻（依頼者の母親）、依頼者、依頼者の弟及び妹の計４名です。

公正証書遺言では、依頼者が**「遺言執行者」**に指定されていましたが、依頼者の妹には精神疾患があり、家族との連絡を一切絶っていたので、妹と連絡がとれないとのことでした。

そこで、相続人である妹の所在調査を含め、遺言執行の代理業務を依頼したいとのことで受任しました。

所在不明の妹はいずこに？

受任後、まずは所在不明の妹の所在調査から着手しました。**「職務上請求」**により、戸籍の附票等を取り寄せたところ、妹の現住所が判明しました。

次に遺言執行者の代理人として財産目録を作成したうえ、遺言執行者就職及び代理人就任の連絡文書を作成し、妹に対して公正証書遺言の写しと財産目録を添付して、配達証明付き書留郵便で送付しました。

優先すべきは不動産の相続登記

また、遺産には不動産と預貯金があったのですが、前記の書類送付と並行して知り合いの司法書士に依頼し、不動産の相続登記の手続を優先的に進めました。

というのは、相続法改正前は、相続させる旨の遺言（改正により、**「特定財産承継遺言」**と呼ばれるようになりました）があれば、遺言の効力発生と同時に不動産の所有権は相続人に移転し、しかも、登記をしなくても第三者に対抗することができました。

しかし、相続法改正により、他の相続人が法定相続分に応じた相続登記をしたうえで自身の共有持分を第三者に譲渡したような場合、特定財産承継遺言により不動産を取得した相続人は、自身の法定相続分を超える部分については登記をしていないと当該第三者に対抗することができなくなってしまいました。

そこで、このような不測の事態を回避するため、不動産の相続登記の手続は優先的に進める必要があったのです。

妹は手紙を読まずに……

その後、妹に、前記の書類一式が配達された旨の配達証明が戻ってきました。しかし、妹からは、当方が送付した書類について、封を開けないまま返送されてきました。妹としては、当方とは一切関わりを持ちたくないという意思表示のようでした。当方としては、妹に必要な書類一式を送付して遺留分に関する権利行使の機会を与えたため、これ以上、妹に対して何か働きかける必要はないと判断し、引き続き、粛々と遺言執行の代理業務を遂行することにしました。

遺言執行が大変な場合は弁護士に依頼を！

不動産の相続登記の手続が完了したあと、預貯金口座の解約・払戻し手続に着手し、全ての預貯金口座を解約して預貯金の払戻しを受け、遺言執行の代理業務が全て完了しました。最近、本件のように、他の相続人の所在が不明であるとか、他の相続人とは疎遠で連絡をとりたくないとか、他の相続人との間で紛争があるなどの理由で、遺言執行の代理業務をご依頼いただくことが多くなってきています。

そもそも遺言作成の際、弁護士を遺言執行者に指定しておけば遺言の執行がスムーズに進むのですが、そうでない場合でも、弁護士に遺言執行の代理業務をご依頼されれば、精神的・時間的な負担を負うことなくスムーズに遺言の執行をすることが可能です。本件のような場合は、是非、弁護士に遺言執行の代理業務をご依頼ください。

CHECK!

遺言執行者

「遺言執行者」とは、遺言の内容を実現することを職務として、遺言により指定又は家庭裁判所に選任された者をいいます。

遺言執行者は、法律上弁護士である必要はなく、誰でも指定することができます。もっとも、後述するように、少しでも紛争の可能性がある場合には、最初から弁護士を遺言執行者に指定するか、そうでない場合でも、遺言執行の代理を弁護士に依頼することをお勧めします。

職務上請求

「職務上請求」とは、法律で定められた弁護士等の一定の士業が、業務の遂行に必要な場合に限り、その利用目的を明らかにしたうえで、特定人の住民票や戸籍謄本等の公的な書類の送付を市区町村等に請求することをいいます。

特定財産承継遺言

「特定財産承継遺言」とは、文字どおり、特定の財産を相続人のうちの1人又は数人に承継させる旨の遺言のことをいいます。相続法の改正により、これまで「相続させる旨の遺言」と呼んでいたものの一部をこのように呼ぶことになりました。

コラム

遺言執行者（又はその代理人）は弁護士が適任!?

遺言執行者は遺言の内容を実現する権利義務を有する者であり、遺言を滞りなく執行することが任務です。

では、遺言執行者には誰を指定しておくべきでしょうか?

遺言執行者には親族や相続人を指定することもできます。親族等を遺言執行者に指定した場合、遺言執行者の報酬も発生しないのが通常ですので、費用面ではメリットがあるかもしれません。

しかし、遺言執行者は、できる限り遺言や相続問題に詳しい信頼できる専門家である弁護士に依頼しておかれることをお勧めいたします。

もちろん、弁護士などの法律専門家や信託銀行などに依頼した場合は遺言執行報酬が発生しますが、円滑な執行、トラブルの防止という意味では費用以上のメリットがあるのではないでしょうか。

もっとも、信託銀行の報酬額は最低でも100万円～とされていて高額であること、しかも、相続人間にトラブルがある場合には遺言執行者の就任を拒否したり、結局は、遺言の執行を弁護士に委任する場合がありますので、信託銀行に遺言執行者を依頼するのは、あまりお勧めできません。

弁護士が遺言執行者又はその代理人に適任である詳しい理由については、第3章で述べたいと思います。

6 遺言無効確認訴訟に一審で敗訴!? 控訴審から受任して逆転勝訴！

教訓

・一審で敗訴したとしても諦めずに多くの裁判例や文献を徹底的に調査し、緻密な理論構成を駆使して粘り強く主張を展開すべし。

見つかった父親の日記

依頼者は60代の男性でした。

亡くなった父親の相続人は、長男である依頼者と妹の2人でした。

依頼者によれば、亡くなった父親は日記をつけるのが習慣だったのですが、父親がお亡くなりになったあと、依頼者が父親の遺品を整理していたところ日記を発見したそうです。依頼者がその日記を読んでみると、「俺の財産は○○（依頼者の名前）にやる。○○（依頼者の妹の名前）には絶対に渡さない」という記載と認め印による押印があることを発見しました。亡くなった父親は、長男である依頼者との関係は良好でしたが、妹とその夫との結婚に反対したため、駆け落ち同然に家を出ていった妹との関係は良くありませんでした。

しかし、遺言には年月日を記載しなければならないのですが、その日記の記載には、年月日の「年」の記載があとから加筆されているような形跡がありました。

依頼者は、この日記の記載を自筆証書遺言であるとして家庭裁判所に遺言書の検認の申立をしました。その後、遺言執行者選任の申立てをしてご自身が遺言執行者に選任され、父親の遺産である不動産について、「遺贈」を原因とする所有権移転登記も完了していました。

すると、この日記の内容に納得がいかない妹から、遺言無効確認訴訟を起こされてしまいました。

一審では依頼者が敗訴

依頼者は、一審では別の弁護士に依頼していたのですが、審理の結果、裁判所は自筆証書遺言の要件を満たしていないとして遺言は無効と判断し依頼者は敗訴してしまいました。

そこで、控訴をしたいと考えているが、現在依頼している弁護士以外の意見も聞いてみたいとのことで、私の事務所にご相談にいらっしゃいました。

私はこれまでの経験上、一審の判断を控訴審で覆すのは相当ハードルが高いものの、本件では可能性がないことはないと考えられたため、そのことをご説明したところ、亡き父のためにも後悔しないようにやれるだけのことはやりたいとのことでしたので、正式に控訴審からご依頼を受けることになりました。

自筆証書遺言の形式的要件に関する裁判例を徹底的に調査して多数引用！

本件の争点は、「日記の記載について、「年（西暦あるいは和暦）」の自署を欠き、遺言として無効であるか」という点でした。

一審判決は、この争点について、日記の「2016」との記載はあとから「加筆」したものであるとしたうえで、「自筆証書遺言の加筆については、遺言者がその場所を指定し、これを変更した旨を付記して特にこれに署名をし、さらにその変更の場所に印を押さなければその効力が生じないとされる（民法968条3項）のに、この日記には、少なくとも加筆箇所の指示、加筆の旨の付記、署名がなく、自筆証書遺言における方式に反するものとして上記記載は効力を生ずることがなく、したがって、この日記については、日付の記載を欠くものとして無効といわざるを得ない」と判断しました。

しかし、私は、この一審判決の判断は自筆証書遺言の形式的要件を厳格に解しすぎており、誤りがあると考えました。

遺言書の作成において、形式（方式）を遵守することが重要であることに異論はありません。しかし、その要件の充足をあまりにも厳格に求めることは、せっかく作成された遺言書が無効になる機会が増え、遺言者の遺志に反することになりかねないことになります。

私は、この点に関する裁判例を徹底的に調査したうえで、たくさんの裁判例を控訴審で紹介しました。

たとえば、最高裁の判例では、自筆証書遺言に3か所の抹消部分があったが、その3か所には押印のみがなされ、署名がなかったという事案において、

「自筆証書による遺言の作成過程における加除その他の変更についても、民法……所定の方式を遵守すべき……である。しかしながら、自筆証書中の証書の記載自体からみて明らかな誤記の訂正については、たとえ同項所定の方式の違背があっても遺言者の意思を確認するについて支障がないものであるから、右の方式違背は、遺言の効力に影響を及ぼすものではないと解

するのが相当である……。しかるところ、……本件においては、遺言者が書き損じた文字を抹消したうえ、これと同一又は同じ趣旨の文字を改めて記載したものであることが、証書の記載自体からみて明らかであるから、かかる明らかな誤記の訂正について民法……所定の方式の違背があるからといって、本件自筆証書遺言が無効となるものではないといわなければならない。」（最判昭56・12・18）とし、明らかな誤記については、民法９６８条3項の「加除その他の変更」に該当するとしても、その訂正についての方式違反があるからといって、遺言は無効となるものではないと判断していました。

また、この最高裁判決の事案における控訴審判決では、

「……本件証書は民法…に定める自筆証書遺言の方式に背く感がないともいえない。しかしながら同条項は一旦有効に成立した自筆証書遺言を該証書に加除を加えることにより変更しようとする際の方式を定めたものであり、このことは右の方式に従わない変更は無効であり、加除前の遺言がそのまま有効であるとされていることから明らかであるといわねばならない。一方、……（遺言者）は右の自筆遺言書を作成するに先立ち、「遺言書」と題する書面を下書きしそのうえで、本件自筆遺言書を作成したこと、その作成過程で（遺言者）は筆をすすめながら上記3か所の各部分につき書き損じたことをその都度認識し、そのうえで前述した遺言の趣

旨を同書面上に自書しかつ右各部分に自ら印を押捺したことが推認される。しかも……何れについても、東京家庭裁判所において検認がなされている…。したがって一部書き損じの抹消を含む本件自筆証書による遺言は、一旦有効に成立した自筆証書の変更の場合と異なり、もともと民法…により無効とされるいわれはな（い）。」（傍線は私によるものです）（東京高判昭56・1・28）

と判断していました。

つまり、民法968条3項の規定は、いったん有効に成立した遺言書に変更を加える際に適用されるのであって、この事案のように、遺言書の作成過程（遺言書が未完成の段階）で生じた書き損じを訂正する場合にはその適用はない、という論旨で当該遺言書を有効としていました。

一審判決の誤りを厳しく指摘！

本件の日記の記載をみると、一審判決で認定されたとおり、記載の外形上確かに、「2016」の記載があとから「加筆」されたものであることは否定できない状況でした。

しかし遺言者である亡き父が、年月日の「年」の記載を失念してあとから加筆したことは、明らかな誤記の訂正と異なるところはないといえます。なぜなら、「年」の記載を失念してあとから加筆した日記において、民法所定の方式の違反があったとしても遺言の本文には何らの変更もないため遺言者の意思を確認するについて支障がないからです。

また、自筆証書遺言は年月日が特定されている必要があるところ、年月日の「年」の記載がないということは遺言書が未完成の作成過程であり、遺言者である亡き父が「２０１６」という「年」の記載をすることではじめて、日記は、自筆証書遺言として有効に成立したものとみることもできました。すなわち、日記における「２０１６」の記載はいったん有効に成立した遺言書に変更を加えたものではなく、むしろ、遺言者である亡き父が「２０１６」の記載をすることではじめて自筆証書遺言として有効に成立したものであって、いったん有効に成立した遺言書に変更を加える場合の規定である民法９６８条３項の「加除その他の変更」には該当しないと考えられました。

こうしたことから、遺言者である亡き父が年月日の「年」の記載をあとから加筆したことが明らかな誤記の訂正であるとみることができるか否かを問わず、争点に関し、本件の日記の記載について、「２０１６」との記載は「加筆」にあたるとしたうえで、民法９６８条３項を適用して日付の記載を欠くものとして無効とした一審判決は、民法９６８条３項の解釈・適用を誤ったものであると厳しく指摘しました。

控訴審での審理の結果は……

しかも、この日記の記載は、家庭裁判所の検認手続を経たうえで遺言執行者選任の審判がなされ、相続財産であるところの全ての不動産について「遺贈」を登記原因とする所有権移転登記が完了していました。つまり、裁判所及び法務局という公的機関において、この日記の記載は有効な遺言として扱われていたのです。

私が一審判決の誤りを厳しく指摘した結果、高裁では当方の主張を認め、亡き父の日記の記載は自筆証書遺言として有効であるとの判断のもと、和解による解決を勧められ、最終的には当方の勝訴的和解が成立しました。

本件では、遺言の有効・無効に関する多くの裁判例や文献を徹底的に調査し、緻密な理論構成を駆使して粘り強く主張を展開したことが控訴審での逆転勝訴という結果につながったと考えています。

コラム　遺言を適当に作ってしまうとモメる!?

本文の事案では、何とか控訴審で逆転勝訴することができましたが、本件で見つかった日記はもともと、皆様が想像するようなきちんとした遺言書の形式をとったものではなく、メモ書き程度のものでした。皆様は、このような日記のメモ書き程度の記載でも遺言として認められることがあるということに驚かれたかもしれません。

しかし自筆遺言は、財産目録以外の本文を自書し、日付や氏名を自書し、押印（認め印で可）をするという要件さえ満たせば有効となります。

このため、いわゆる「遺書」や市販されている「エンディングノート」、本文のような日記のメモ書きでも民法の要件さえ満たせば「遺言」として有効とされる可能性はあるのです。

とはいえ、自筆の遺言書は偽造の可能性などもあり後日有効か無効かをめぐって深刻な争いになるおそれがありますので、私は紛争のおそれをできる限り少なくするため遺言書については自筆証書遺言ではなく、公正証書遺言を作成しておくことをお勧めしています。

7　「○○にはどうしても相続させたくない！」との遺言は有効!?

教訓

・どうしても相続させたくない相続人がいる場合には「廃除」の制度があるが、ハードルは極めて高いことを認識すべし。

・「宣誓認証」の制度を積極的に活用すべし。

ケース①　放蕩息子にはどうしても相続させたくない!?

依頼者は60代の女性でした。

この方は、将来、相続人となる長男と二男の2人のお子様のうち、生前の自分に対する不行《ふぎょう》跡《せき》から、どうしても二男には遺産を相続させたくないとの強い意向をお持ちで、その意向を実現するための公正証書遺言を作成したいとのことでした。

依頼者によると、その二男の不行跡は次のとおりでした。

二男はせっかく大学に入学させてもらったにもかからず、1年もしないうちに両親に相談もなく勝手に退学してしまい、その後、音信不通になってしまいました。そして数年後、依頼者のご主人（二男の実の父親）が亡くなったときですら連絡もとれず、葬儀にも顔を出しませんでした。

そのような態度であったにもかかわらず、あるとき突然、数年ぶりに実家に顔を出したかと思ったら、借金をしているので助けてほしいと泣きついてきたというのです。

依頼者はあまりのことに呆れてものも言えませんでしたが、やはり自分の息子ということで、仕方なく借金を返すためのお金を二男に渡しました。

すると次の日の朝には、二男はもう家を出ていなくなっており、その後また音信不通になってしまったということでした。

公正証書遺言を作成することに

相続人の資格を剥奪する制度としては、「廃除」という制度があります。そして、廃除には、将来、被相続人となる予定の方がご存命のうちに家庭裁判所に申立てをして、相続人となる予定の推定相続人の資格をあらかじめ剥奪する「生前廃除」と、遺言に「廃除する」旨の文言を記載して遺言により指定された「遺言執行者」が遺言者の死後、遺言の規定に従って、家庭裁判所に廃除の申立てをする「遺言廃除」の二種類がありますが、実際に廃除が裁判所に認められることは少なく、非常にハードルが高いことを、私は依頼者にご説明しました。

しかし、依頼者は、裁判所に認められる可能性が低いとしても、やるだけやりたいという強いお気持ちでしたので、検討の結果、「遺言廃除」の方法を選択されました。

そこで、私は公証人とやりとりをして必要書類を取り寄せ、依頼者とともに公証役場に証人として赴いて、①全ての遺産を長男に相続させる旨の条項、②二男を「廃除」する旨の条項及び③私を遺言執行者に指定する旨の条項を記載した公正証書遺言を作成しました。

また、依頼者の二男の不行跡を立証するための証拠として依頼者が作成した「陳述書」の証拠価値を高めるため、公証役場で**「宣誓認証」**の手続をしました。

将来、依頼者がお亡くなりになったあと、私が遺言執行者として家庭裁判所に二男の廃除の申立てをしたとしても廃除が認められるかどうかは裁判所の判断なのでわかりませんが、依頼者には、二男とは異なり自分によくしてくれた長男のためにできるだけのことはやっておきたいとの気持ちを汲んでいただけたと大変喜んでいただくことができました。

ケース② ご主人の介護の方法をめぐって娘と対立

依頼者は60代の女性でした。

依頼者の家族には、ご主人と長男、長女がいらっしゃり、依頼者はご主人と長男と同居していました。

その後ご主人が認知症になってしまったため、依頼者と長男が自宅で長年にわたり介護をしてきたのですが、心身ともに大変な負担になり、依頼者は体調を崩してしまいました。

そこで依頼者は、ご主人を施設に入所させることを考えて長男と長女に相談したところ、長男は賛成したのですが、別居して一人暮らしをしている独身の長女は父親を施設に入所させることに強硬に反対しました。この長女は、今後は実家に通って父親の面倒をみると言い出したのです。

しかし長女は、日中は仕事をしており、仕事帰りに面倒をみるという程度ではとてもご主人の介護をすることなど無理な話でした。

長女からの嫌がらせがエスカレート！

心身ともに疲れ果ててしまった依頼者は、長女の反対を押し切ってご主人を施設に入所させるとともに、ご自身で裁判所に申立てをしてご主人の後見人になりました。

すると長女はこれに激怒し、父親が入所している施設を訪れては些細な事で施設の職員にクレームをつけるようになったため、施設から依頼者に対して長女のクレームを何とかしてほしいと要請されるようになりました。

また、長女は依頼者や長男が留守中に合い鍵で実家に入り、物を盗ったり、依頼者を誹謗中傷する置き手紙を残すなど、嫌がらせがエスカレートしました。そこで、依頼者は、長女が無断で家に入れないようにするために家の鍵を取り換え、玄関や庭に複数の防犯カメラを設置するまでになりました。

その後依頼者は、施設からの強い要望を受けて長女に内緒でご主人を別の施設に移したのですが、長女にはその施設の名称や場所を教えませんでした。

争いの舞台は裁判所へ

すると長女は、家庭裁判所に対し、母親（依頼者）は後見人としての職務を全うしておらず後見人として不適格であるから後見人を解任するよう求める申立てをしたのです。そして母親の後任として、自分を後見人に選任するようにも要求しました。長女からの申立書には、母親（依頼者）に対する罵詈雑言がこれでもかと書き立てられていました。この理不尽な申立てに対応するために、ご依頼を受けて正式に受任しました。

長女から後見人解任の申立てをされた依頼者は、自身が後見人の職務を全うしていないという長女の主張は当然否定し、裁判所に長女の申立ての却下を求めました。

一方で、これまでの長女からの度重なる嫌がらせに疲労困憊してしまった依頼者は、もはやこれ以上、自分が後見人を続けるのは荷が重いと考えるようになりました。

そこで相談のうえ、裁判所に対して依頼者がご主人の後見人を辞任することの許可を求めるとともに、長女ではない第三者を新たに後見人に選任することを求める申立てをしました。

その結果、裁判所は当方の意見を受け入れ、長女の申立てを却下しました。それと同時に、依頼者が後見人を辞任することを認めるとともに、新たに利害関係のない第三者の弁護士を後見人に選任するとの審判を出してくれました。

長女にはどうしても相続させたくないとの遺言を作成することに……

このような騒動があったため、依頼者は自分が亡くなったあとに長女には自分の財産を1円たりとも相続させたくないと考えるようになりました。

そこで、依頼者が亡くなったあと全財産を長男に相続させるとともに、長女を「廃除」すること及び私を遺言執行者に指定する旨の公正証書遺言を作成しました。

また、前述の事案と同様、宣誓認証の制度を利用して依頼者の陳述書の宣誓認証の手続をとりました。

「廃除」はハードルが極めて高い

いずれの事案も、私は、弁護士として、依頼者のお気持ち・想いに寄り添った最善の弁護活動をしたと考えています。

しかし、いずれの事案でも、依頼者がお亡くなりになったあと、私が遺言執行者として家庭裁判所に廃除の申立てをすることになりますが、遺言に基づく廃除の申立ては遺言者が亡くなったあとに審理されるため、「死人に口なし」の諺どおり、証拠による立証が非常に難しいことが多く、裁判所に廃除が認められるのは非常に稀です。このことは当然、依頼者に十分ご説明したうえで、結果として裁判所に認められなくても構わないから、やるだけやってほしいというお気持ちに沿ってご依頼を受けたものです。

遺言は、作成する方の生前の遺志を実現するためのものであると同時に、亡くなったあとの親族間の紛争を避けるためにも存在するものです。

この点、廃除の申立ては、裁判所に認められれば遺言者の遺志を全うすることができますが、認められなかった場合には、廃除の申立てを受けた相手方の恨みを買い、その後の遺留分をめぐる紛争に発展することは火を見るよりも明らかです。

弁護士としてやるべきことをやったとはいえ、今後のことを考えると少しやるせない気持ちになったことも否めません。

CHECK!

廃除

「廃除」とは、遺留分を有する推定相続人（配偶者、子、直系卑属）に非行や被相続人に対する虐待・侮辱がある場合に、被相続人の意思に基づいてその相続人の相続資格を剥奪する制度をいいます。

生前の廃除と遺言による廃除の二種類があり、いずれも家庭裁判所に申立てをして、認めてもらう必要があります。

もっとも、裁判所が廃除を認めることは少なく（司法統計によれば、廃除が認められるのは多くとも2割程度とされています）、非常にハードルが高いとされています。

宣誓認証

「宣誓認証」とは、公証人が私署証書（一般の私人が署名する書面のこと）に認証を与える場合において、当事者がその面前で証書の記載が真実であることを宣誓したうえで私署証書の認証の手続をとった場合に、宣誓のうえでの署名・押印であることを公証人が認証文言として記載して認証をする制度をいいます。
公証人の面前で過料等の制裁がある旨の説明を受け、宣誓をしたうえで署名・押印したことが認証されることで、後日訴訟等で証拠としての証明力を高める効果があると考えられます。

コラム

遺言書保管制度の創設（法務局で保管可能に）

遺言書の保管制度が創設され、2020年7月10日から施行されました。
改正のポイントは次のとおりです。

● 遺言書は、遺言者の住所地若しくは本籍地又は遺言者が所有する不動産の所在地を管轄する法務局にて保管する

■遺言の比較

	保管方法	家庭裁判所の検認（民法1004条）	証人
自筆証書遺言	本人	必要	不要
	法務局【新設】	不要【新設】	
公正証書遺言	原本：公証人 謄本：本人	不要	2人必要
秘密証書遺言（参考）	本人	必要	2人必要

※著者作成

●相続開始後の家裁による検認は不要

保管制度の創設により、遺言書の紛失や隠匿、変造を原因とする争いを回避する仕組みが整備され、自筆証書遺言の方式の緩和とあわせて、遺言書の作成件数が増えることが期待されています。

8　財産目当てで高齢の親を「囲い込み」……親族との面会妨害は、やった者勝ち？

教訓
・「囲い込み」の問題解決の方法に正解はなし。

高齢になった親の財産をめぐり、昨今「囲い込み」と呼ばれるトラブルが増えています。親の面倒を見ている子が、他の親族との面会を妨害するというものです。

ケース①　家庭裁判所の家事調停官時代の事例

私がさいたま家庭裁判所の家事調停官を4年間務めていたときにも、いわゆる「囲い込み」と思われる事案がありました。

兄弟の兄の方が母親を自宅に囲い込んだというもので弟が母親に会いたい一心で裁判所に

「親族間紛争調整調停事件」として申立てをしたものです。

結局、相手方（兄）が期日に一度も出頭しなかったことから、調停成立の見込みがないものとして不成立で終了となりました。

調停はあくまで当事者間の話し合いの場ですので、相手方が出頭して話し合いに応じない場合は、出頭や話し合いに応じることを強制することはできません。

この点、遺産分割調停の場合は、調停が不成立になると法律上自動的に審判手続に移行し、相手方が手続に協力しない場合には、最終的に裁判所が「審判」を出すことで解決ができます。

しかし、「囲い込み」のような親族間の紛争を調整する「親族間紛争調整調停」の場合、遺産分割調停と違って調停が不成立になると、審判手続に移行せずに終了となってしまうのです。これは調停手続の限界です。申立てをした弟さんの残念そうな顔が今でも記憶に残っています。

他にも、「囲い込み」と思われる事案は増えています。具体的には、囲い込んだ親族（一般的には子）が、囲い込まれた親族（一般的には親）の預貯金を使い込んだり、自分に有利な遺言をつくらせたりということが多いと思われます。このことで遺言の有効性が争われたり、いわゆる使途不明金問題として、「不当利得返還請求訴訟」に発展したりと、相続開始後に紛争が顕在化することが多くなっているのです。

「囲い込み」をしている最中に作成された遺言であっても「無効」にするのは難しい?

「囲い込み」をしている最中に作成された遺言に不満があれば、一般的に「遺言無効確認訴訟」を提起することになります。

しかし、遺言が無効とされるためのハードルはかなり高いです。遺言を無効にできない場合、遺言が有効であることを前提に、遺留分が侵害されていれば、遺留分の請求をすることになります。

また、生前に預貯金等を使い込まれた場合、相続開始後に相手方が被相続人から贈与されたことを認めれば、特別受益として、遺産分割協議又は調停の中で扱うことができます。

他方、相手方が生前贈与を認めなければ、別途、「不当利得返還請求訴訟」等を提起するしかありませんが、これも一般的には立証のハードルが相当高いです。

ケース② 父親の預貯金が兄嫁に使い込まれている!?

実際に、私は囲い込みの事案の依頼を受けたことがあります。

依頼者は60代の男性でした。

依頼者によれば、実家に住む認知症の父親の財産が、父親と同居する亡き兄の嫁家族に使い込まれているようだとのことでした。

父親が認知症の診断を受けていたことは判明していたので、その財産を保全するため、家庭裁判所に後見人選任の申立てを行いました。

後見人選任の申立てをしたものの……

案の定、囲い込みをしている親族が後見人の選任に反対したため、後見人の選任に必要な医師の診断書を取得することができませんでした。これは当初から想定された事態でした。

依頼者の父親はその後、福祉施設に入所しましたが、私は依頼者と相談のうえ、依頼者と一緒にこの福祉施設に赴き、父親を連れ出してその足で病院に行き、家庭裁判所に提出するための「後見開始相当」との医師の診断書を取得しようと計画しました。

施設に赴いたところ、父親は!?

そして計画決行の日、私は、依頼者に同行して父親が入所している施設で父親との面会を求めました。

すると何と、父親はその前日の夜に、兄嫁に連れ出されて実家に帰宅してしまっていたことが判明しました。これを知った依頼者は激怒しました。

実家に殴り込みにいこうとする依頼者を私は必死で制止し、その日は失意のうちに帰路につきました。

計画が事前に漏れていた!?　犯人は？

あとで聞くと、実は、依頼者が味方だと思っていたお姉さんに数日前にその計画を話してしまっていたことが判明しました。どうやら、味方だと思って信頼していたそのお姉さんから相手方に計画が事前に漏れたようでした。

こんな、スパイ映画みたいなことが起こるのだなあと私は驚きました。

後見人はどうなる!?

その後、私から施設側に対して父親の看護記録等を開示するよう要請しましたが、兄嫁の意を受けた施設側の協力も得られなかったため、「後見開始相当」との医師の診断書が提出できず、審理は難航しました。

ところが後日、囲い込みをしている兄嫁にも弁護士が代理人につきました。その代理人と粘り強く協議した結果、その協力を得て、医師の診断書を家裁に提出し、後見人（利害関係のない弁護士）の選任に漕ぎ着けることができました。このため、少なくとも、後見人選任後は財産の保全をすることができました。

その後父親がお亡くなりになると、遺産分割調停をすることになりましたが、やはり父親の生前の預貯金の使い込みが問題となり、調停は大変紛糾しました。

ケース③ 兄が母親に会わせてくれない!? 母親に一目会いたいが……

依頼者は50代の女性でした。

高齢の母は兄の自宅で兄夫婦と同居しており、終末期のガンで自宅療養中だが、兄が母を囲い込んで会わせてくれない、余命幾ばくもない母と何とか面会して話がしたいとのことでした。

また、母親が兄夫婦と同居している自宅の土地建物は母親が所有していたのですが、依頼者が母親と会えなくなる直前に、母親から兄に生前贈与されていることが判明したのです。

そこで、この女性からの依頼を受けて裁判所に対し、兄と兄嫁を相手方として**「面会妨害禁止の仮処分」**の申立てをすることにしました。

兄の頑なな態度のために審理は難航

実はこの申立てをする前に、依頼者が母親に会うために近所にある兄の自宅を訪問した際、兄が警察を呼ぶ騒ぎになったり、兄から**「面談強要禁止の仮処分」**の申立てをされるなど、感情的な対立はかなり激しいものがありました。

そしてこの申立ての審理では、兄から非常に長文の陳述書が繰り返し提出されるなどして兄はなぜか、依頼者が母親と面会することを頑なに拒み続けました。

前述のとおり、母親が所有する自宅の土地建物が兄に生前贈与されていたため、兄が母親との面会を頑なに拒否する理由はそのことにあるのではないかと依頼者は疑っていました。

また、おそらく兄は母親に、自分に有利な遺言書を書かせているのではないかと疑心暗鬼になってしまっていました。

こうした激しい感情的な対立から、裁判所における審尋期日でも、依頼者と兄が激しい言い争いになるなど、対立はエスカレートするばかりでした。

裁判官のとりなしもあり「試行面会」をすることに

こうした状況の中、裁判官から、時間を区切って双方の代理人弁護士も立ち会うなど、様々な条件をつけるなどしたうえで、依頼者の自宅で「試行面会」（文字どおり、試みに面会をすることです）をしてみてはどうかとの提案がありました。

当初兄は、試行面会ですら頑なに拒否していましたが、当方からの粘り強い主張と裁判官からのとりなしもあり、ようやく兄も渋々ながら面会に同意しました。

こうして、試行面会は二度にわたり行われ、私も二回とも同席しました。二度の試行面会の様子は録音・録画され、いずれも15分程度の短時間でしたが、特に問題なく実施されました。

ようやく和解成立へ

この案件の前に、同じような「囲い込み」の事案で横浜地裁が面会妨害禁止の仮処分命令を出していたため、私は、裁判所に対し、この裁判例を引き合いに出して仮処分命令を出してもらうよう主張しました。

裁判官は基本的には前例踏襲主義なのですが、本件の担当裁判官も、やはり、この横浜地裁の件以外に前例がないこともあり、仮処分命令を出すことには慎重な姿勢でした。

そこで私は依頼者と協議し、こちらから相手方に対し、和解案を提案することにしました。すると相手方は、和解に応じる場合の条件を提示してきました。それは、依頼者が母親と面会する際の条件として、約30項目にも及ぶ禁止事項の提示でした。これらの条件を受け入れなければ和解には応じられないという相変わらずの強硬姿勢でした。

私は重箱の隅をつつくような微に入り細を穿つ内容に辟易しながらも、依頼者が母親と面会するためという一念で気を取り直し、面会時の禁止事項を大幅に簡略化して整理し、相手方と何度も調整しました。

その結果、ようやく一定の条件のもとで、依頼者が母親と面会をすることを認める内容の和解の成立に漕ぎ着けることができました。

「囲い込み」の問題に正解はない…やった者勝ちにしないためには？

このように、近時、囲い込みの問題が増えてきていますが、これに対する有効な解決策は限られます。

前述の後見人選任の申立てをする場合には、囲い込んだ親族の協力が得られないと、後見人選任の審判を出す要件である医師の診断書の提出が困難になります。

そこで、囲い込んだ親族が反対しても、必要性が認められれば、本人が入院している病院や施設に対する**調査嘱託の申立て**を裁判所が積極的に採用するなどの運用の改善が必要と考えています。

また、親族が面会を妨害する場合には、裁判所が積極的に面会妨害禁止の仮処分命令を出すなどの運用の改善も必要でしょう。

いずれにしても、「囲い込み」の問題に正解はないのが現状です。そして、「囲い込み」の問題は多くの場合、その後の遺産をめぐる紛争の前哨戦でもあるのです。

CHECK!

面会妨害禁止の仮処分

「面会妨害禁止の仮処分」とは、文字どおり、面会の妨害をする者に対してその妨害行為を禁止することを命ずる仮処分のことをいいます。これまでは、このような類型の仮処分が認められたことはありませんでした。

しかし本文中にも記載しましたが、先般横浜地裁において、本件と類似の事案で面会の妨害を禁止する旨の仮処分命令が出され、これまでになかった画期的な判断として注目されました。今後は類似の事案で、この仮処分命令が出される事案が増えていくのではないかと期待されています。

面談強要禁止の仮処分

「面談強要禁止の仮処分」とは、その名のとおり、面談（又は連絡、交渉）の強要の禁止を命ずる仮処分のことをいいます。具体的には、暴力団等の反社会的勢力による債権の取立て等の禁止、男女関係等の人間関係のもつれからくる面談強要の禁止（ストーカー、ＤＶ事案）等があります。

調査嘱託の申立て

「調査嘱託の申立て」とは、裁判所に対し、必要な調査を官公庁その他適当と認める者に嘱託し、又は銀行、信託会社、関係人の使用者その他の者に対し関係人の預金、信託財産、収入その他の事項に関して必要な報告を求めるよう要求する申立てのことをいいます。

コラム　内縁の配偶者は相続できる？

内縁の配偶者には、内縁の相手の遺産を相続する権利はありません。相続に関しては、民法に規定があります。

まず、被相続人と婚姻した配偶者は、常に相続人となることが定められています。その他、被相続人の直系卑属（子や孫など）、直系卑属がいない場合は被相続人の直系尊属（両親など）、直系尊属がいない場合には被相続人の兄弟姉妹が相続人となる旨が定められています。

しかし民法には、内縁の配偶者を相続人として認める規定は存在しません。

したがって、たとえ結婚式をあげていたとしても、どんなに長い間夫婦同然の生活をしていたとしても、婚姻していない以上は内縁の配偶者は内縁の相手の遺産を相続する権利はありません。

そのため、もしも被相続人が内縁の配偶者に何らかの財産を残したいと思うのであれば、生前に財産を贈与しておくか、遺言により財産を「遺贈」するなどの方法をとる必要があります。

ただし、「遺贈」をするときに被相続人に子がいる場合、その子どもたちには遺留分がありますので、遺留分に配慮した形での「遺贈」を検討する必要があります。

その他、生命保険金の受取人を内縁の配偶者としておくことで、内縁の配偶者に一定の財産を残す方法も考えられます。

なおこのケースでは、被相続人である内縁の配偶者に子どもがいる場合を想定していますが、もしも被相続人に法定相続人が一人もいない場合、利害関係人の申立てにより家庭裁判所が相続財産管理人を選任し、最終的に財産が残った場合は、原則として国庫に帰属することになります。

しかし、内縁の配偶者が家庭裁判所に対し、「特別縁故者に対する相続財産分与の申立て」をすることで、遺産の全部又は一部を受け取ることができる可能性があります。

このように、婚姻していない内縁の夫婦間で財産を残すには、生前にきちんとした対策をとる必要があります。

9 相続放棄はしたものの……「相続財産管理人」の選任

教訓
・相続放棄をする場合は「相続財産管理人」の選任をセットで検討すべし。

被相続人に多額の負債が!?

依頼者は70代の男性でした。

依頼者は亡くなった被相続人の弟でしたが、被相続人は独身で妻や子はいませんでした。

被相続人には何らかの相続財産があると思われる一方、生前に営んでいた事業の借入金等、総額約4000万円を超える多額の負債を抱えていることが判明しました。

このため、第1順位の相続人である母親が相続放棄をしたのに続き、依頼者を含む相続人全

員（被相続人の兄弟）が相続放棄をしました。

相続放棄をしたものの……

依頼者を含む相続人全員が相続を放棄したことにより、被相続人の相続財産を管理する者がいなくなりましたが、いまだに被相続人の債権者等から依頼者宛に連絡が来たりしていました。しかし依頼者は既に相続を放棄していたため、相続財産を勝手に処分することもできず、対応に困っているというご相談でした。

「相続財産管理人」の選任申立てへ

そこで正式にご依頼を受け、相続財産を管理・処分し、債権者に対してしかるべき対応を行なうため、家庭裁判所に**相続財産管理人**の選任申立てをしました。

ただ、ここで問題となるのは、相続財産管理人の選任を請求するには、裁判所に予納金を納める必要があることです。予納金の金額は、事案の複雑性、換価すべき財産の有無等にもよりますが、最低でも50万円程度は必要となります。本件における予納金も50万円でした。

そこで私が依頼者の代理人として50万円の予納金を納付したところ、家庭裁判所により相続財産管理人が選任され（利害関係のない第三者の弁護士が選任されます）、相続財産の管理責任は相続放棄をした依頼者から無事に相続財産管理人に引き継がれることになりました。

それ以降、債権者等から依頼者への連絡はなくなり、依頼者はようやく安心できると喜んでいました。

CHECK!

相続財産管理人

「相続財産管理人」とは、そもそも相続人が存在しない場合や相続人全員が相続放棄をするなどして相続人が存在しなくなった場合に、利害関係人等の申立てによって家庭裁判所から選任される相続財産の管理をする者をいいます。

最近、核家族化の進行や親族関係が疎遠になってきているなどの影響により、身寄りのない一人暮らしのお年寄りも増えてきているため、そもそも相続人がいないか、相続人がいても相続人が全員相続放棄をするなどして、相続財産管理人が選任される件数が増えてきているようです。

私も、201頁でご紹介するように、相続財産管理人の案件を常時4～5件程度担当しています。

コラム

相続人全員が相続放棄をした場合、放棄された不動産は？

相続放棄をした方は、「相続放棄をしたのだから、相続財産に対する管理責任からも解放されるだろう。もう私には関係ない」と考えてしまうのではないでしょうか。そう考えるのも無理はありません。

しかし、実は、相続放棄をしたからといって相続財産の管理責任から直ちに解放されるわけではありません。

民法918条によれば「相続人は、その固有財産におけるのと同一の注意をもって、相続財産を管理しなければならない。ただし、相続の承認又は放棄をしたときは、この限りではない。」と規定されています。この規定を一見すると、相続人は相続放棄をするまでの間は、自己の固有の財産におけるのと同一の注意を払って相続財産を管理すべき義務があるということなので、逆に言うと相続放棄をすれば、それ以後は管理義務がなくなるかのようにも読めます。

しかし、民法940条によれば「相続の放棄をした者は、その放棄によって相続人となった者が相続財産の管理を始めることができるまで、自己の財産におけるのと同一の注意をもって、その財産の管理を継続しなければならない。」とされています。つまり、相続放棄をした者は、次の相続人（管理者）が現れるまでは不動産等の相続財産の管理を続けなければならないのです。

たとえばもし、家屋が老朽化して倒壊する危険があれば、補修工事をする必要がありますし、樹木が生い茂って枝などが隣地に越境しているような場合には、枝を伐採するなどの措置を講じる必要があるのです。

それではいったいいつまで管理義務を負うことになるのでしょうか？ せっかく相続放棄をしたとしても、新たに相続財産の管理をする者が現れなければ、永遠にこのような管理義務を負ったままになってしまいます。これではいったい何のために相続放棄をしたのか分からなくなってしまいます。

そこで登場するのが「相続財産管理人」です。この問題に対するおそらくは唯一の解決方法が、本文でご紹介した「相続財産管理人」の選任手続なのです。

10　私が相続財産管理人に選任された事例

相続財産管理人の事案には、次の3つのパターンがあります。

①　債務超過型

文字どおり、相続財産（資産）の総額よりも負債総額のほうが上回る事案です。特に法定相続人全員が相続放棄をして、被相続人の債権者（金融機関等）が債権を回収するために申立てをするというケースが多いです。

②　特別縁故者型

被相続人の相続人ではないが、被相続人の生前に一定の縁故があり、「特別縁故者」として相続財産の分与を求めて申立てをするケースです。具体的には、被相続人の相続人ではない親族からの申立てや、相続人のいない被相続人が生前入所していた福祉施設等からの申立てが多いです。

③　国庫帰属型

相続財産を売却・換価し、債権者に弁済をし、特別縁故者に分与をしてもなおプラスの財産が残る場合は、残った財産を国庫に帰属させることになります。最近は特に、売却困難な資産価値の乏しい不動産が売却・処分できずに残ってしまい、最終的に不動産をそのまま国（具体的には財務省の各地方財務局）に帰属させるというケースが増えてきている印象です。

ケース①　債務超過型の事案

私がこれまでに家庭裁判所から選任されて担当した事案は、このケースがほとんどです。

具体的には、被相続人に多額の負債があり、法定相続人全員が相続放棄をしてしまい、債権者である金融機関が被相続人の不動産等の財産を売却・換価して債権を回収するために申立てをするというケースです。

このようなケースの場合に選任されると、まず被相続人の財産目録を作成して裁判所に報告し、債権者等

に対する「請求申出の公告」という文書を官報に掲載します。その後、不動産の売却・処分や預貯金の解約・払戻し手続を行い、管理人口座において換価した金銭を管理します。換価が終了した段階で、裁判所に「報酬付与の申立て」をして、管理人としての報酬を決めてもらいます。そして、管理人口座で管理している金銭から裁判所が決めた管理人報酬を控除した残金を、判明している債権者に按分弁済し、最後に報酬を受領して管理人口座からお金がなくなったら、管理人としての業務は終了となります。

ケース② 特別縁故者型の事案

被相続人が生前入所していた福祉施設による申立て

相続人のいないある女性がお亡くなりになり、その方が生前入所していた福祉施設からの申立てがありました。被相続人の財産は多額の預貯金でした。そして、この方は、生前、自分が亡くなったら、お世話になったこの福祉施設に自分の全財産を遺贈するとの公正証書遺言を作成していました。

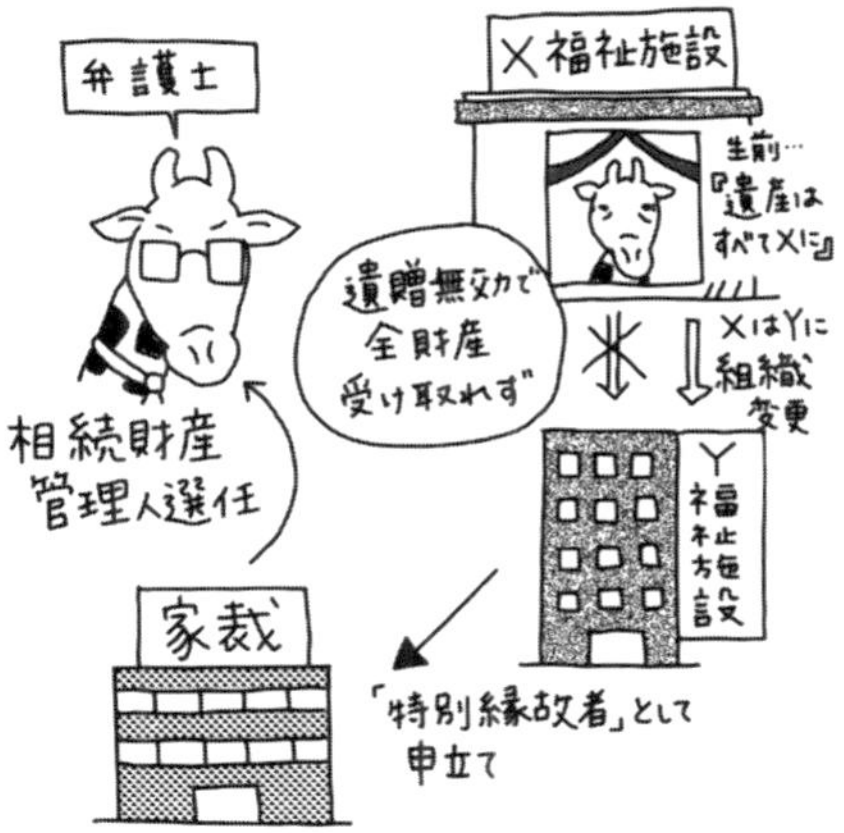

しかしこの福祉施設は、被相続人の生前に組織変更し、法律上は別の法人になってしまっていました。このため、本来であれば公正証書遺言を修正し、遺贈の相手方を変更しておく必要がありました。

ところが公正証書遺言を変更する前に、この女性が亡くなってしまいました。公正証書遺言を変更していればこの女性の全財産はこの福祉施設が受領していたはずでしたが、変更していなかったために遺贈の効力が無効となってしまい、この福祉施設は、この女性の財産を受け取ることができませんでした。

そこで、この福祉施設が特別縁故者として故人の財産を受け取るべく、相続財産管理人の選任申立てをしたという事案で、私が相続財産管理人に選任されました。

この女性の財産は多額の預貯金しかなかったため、必要な手続を進めたうえで、申立人である福祉施設から「特別縁故者に対する相続財産分与の申立て」がなされました。

これに関して家庭裁判所から意見を求められましたので、もともと、この女性がお世話になったこの福祉施設に全財産を遺贈する旨の公正証書遺言を作成していたことなどの経緯から、私は、分与が相当であるとの意見書を提出しました。

その結果、被相続人の財産から裁判所が決めた私の報酬を控除した残金の全額を、申立人である福祉施設に分与することを認めるとの審判が出され、めでたく事件終了となりました。この女性の遺志に沿う結果となり、良かったと考えています。

被相続人の預貯金に多額の使途不明金が判明、申立人に対して訴訟を提起!?

相続人のいないある女性が亡くなったのですが、相続人がいなかったため、生前にこの女性と親しく交流していた親族の男性が、被相続人の財産である不動産を売却・処分し、特別縁故者として相続財産の分与を求めるために申立てをした事案で、私が相続財産管理人に選任されました。

申立人が作成した申立書添付の遺産目録に「現金、預貯金等　不明」と記載されていたため、私は被相続人名義の預貯金につき、被相続人の最後の住所地の近隣に所在する金融機関に対し取引履歴の照会を実施しました。金融機関から送られてきた取引履歴を精査してみると、何と、総額で約4700万円にものぼる多額の使途不明金の存在が明らかになりました。

そこで、被相続人の唯一の親族であり、被相続人の生前に財産を管理していた申立人に対し、私は2度にわたり使途不明金について書面で質問を実施しました。

すると、申立人からの回答によれば、被相続人の遺志により匿名で複数回に分けて、全額慈善団体に寄付をしたとの説明でした。

しかし、①申立人は相続財産管理人選任申立て時に預貯金口座の有無や寄付行為について一切申告していなかったこと、②金額が極めて多額であるにもかかわらず、一切裏付け資料が残されていないこと、などから俄かには信じがたい弁解内容でした。

このような経緯から、私は、多額の使途不明金の使途・内容を明らかにするため、裁判所と協議し、その結果、この申立人に対し、不当利得返還請求訴訟を提起することになりました。

この訴訟は、現時点ではまだ審理中で、どのような結果になるかはわかりません。私としても、相続財産管理人事件の申立人に対して訴訟を提起するというのは初めての経験ですが、とても残念なケースでした。

ケース③　国庫帰属型の事案

ある一人暮らしの女性が亡くなったのですが、相続人はいませんでした。いわゆる「孤独死」でした。自宅はご自身が所有するアパートの一室で、不動産会社に管理を委託していたのですが、その管理人が女性が亡くなっているのを発見して警察に通報しました。警

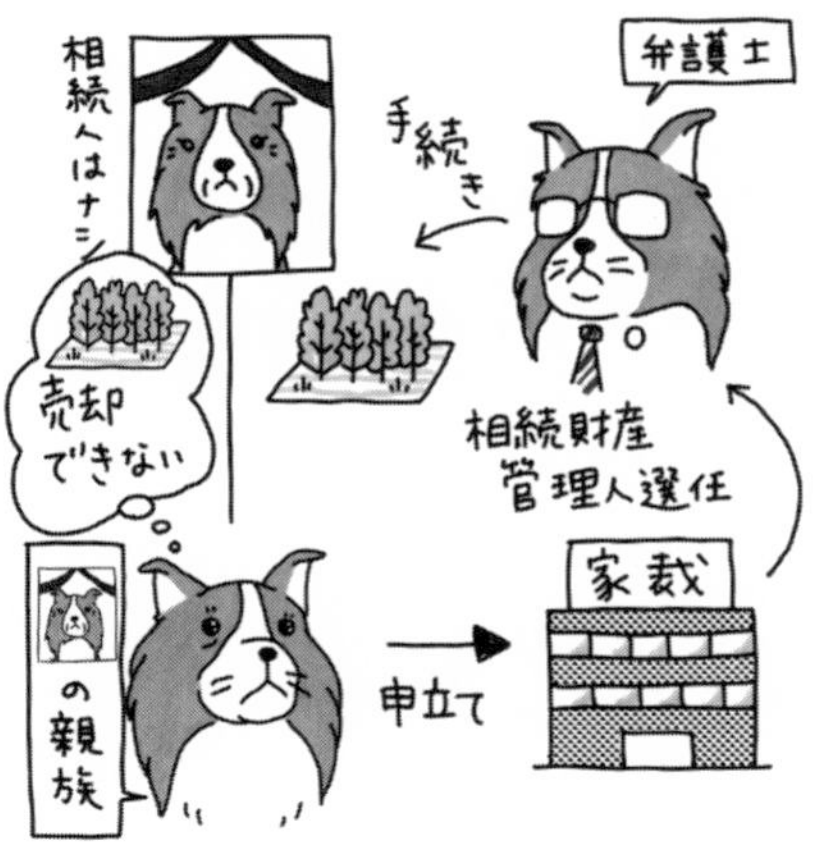

察から連絡を受けたこの女性の親族が申立てをしたという事案で、私が相続財産管理人に選任されました。

故人の遺産は、不動産と預貯金と貸金庫内の動産類でした。

必要な手続を経たうえで、都市部にある不動産を売却・処分し、預貯金の解約・払戻し手続をして、換価業務を進めていきました。金融機関の貸金庫を開扉したところ、中からは火災保険の保険証券や不動産の権利証が出てきただけで、財産的価値のあるものはありませんでした。

また、故人のお骨を引き取る者がいなかったため、墓じまいをしたうえでお骨を菩提寺に引き取って永代供養をしてもらうために、裁判所の許可を得て菩提寺に永代供養料等の費用を支払い、お骨の引き取りと供養をお願いしました。

ここまでは順調だったのですが、実はこの女性の母親名義の不動産（山林）が北海道の僻地に存在することが判明しました。この女性は母親の唯一の相続人でしたので、この北海道の山林も売却・処分する必要がありました。

しかし、地元北海道の複数の不動産業者をインターネットで調べて問い合わせをしてみましたが、いずれの不動産業者も、この山林の売却・処分は困難であるし無償でも引き受け手は見つからないだろうとのことでした。

この点、相続財産管理人事件で残余財産がある場合は最終的に国庫に引き継ぐのですが、国からはできる限り換価したうえでの金銭での引き継ぎを要請されているため、売却困難な不動産が残された場合、いつまで経っても事件が終了しないという問題がありました。

そこで国は方針を改め、事情によっては、不動産を現物のまま引き継ぐことを容認することになりました。

本件でも、この北海道の山林については、一定の手続を経たうえで最終的には国に引き継いでもらい、めでたく事件終了となりました。

近時、全国で所有者不明の土地が増加の一途をたどり、その面積は、近い将来には北海道の面積に匹敵する広さになるとの予測があります。

所有者不明の土地の有効活用をめぐり、現在は認められていない不動産の所有権の放棄を認める制度を創設したり、現在は期限のない遺産分割協議に期限を設けたり、現在は義務ではない不動産の相続登記を義務化して履行しない場合には罰則を設けるなど、様々な法整備が議論されています。今後の法整備の動向を注視したいところです。

コラム　お墓は遺産分割の対象になる？

墓地・墓石（「墳墓」）や仏壇・位牌（「祭具」）などを祭祀《さいし》財産といいます。祭祀財産の所有権は一般的な相続の対象とはならず、遺産分割の対象ではありません。

そして、民法では祭祀財産の所有権は、「慣習に従って祖先の祭祀を承継すべき者」（祭祀承継者）が承継すると定められています。相続放棄をしても、祭祀財産を承継することは可能です。

なお、遺骨については、そもそも所有権の対象となるかについては見解が分かれており、この点について明言した最高裁判所の判例もありませんが、祭祀承継者が管理すべきものと考えられています。

第3章

今からでも遅くない！

「争族」にならないための生前対策

1 相続トラブルは生前対策をしておけば予防できる！

ここまで、私が解決してきた数多くの事件を一つひとつ丁寧に振り返り、特に皆様のご参考になると思われる事例を厳選してご紹介してきました。これらをお読みいただいた皆様にはもうお分かりかと思いますが、生前にきちんと対策をしていないと、残されたご家族が骨肉の争いとなってしまうおそれがあるのです。ご紹介した事例は、莫大な財産を持つ富裕層や資産家に限られた話ではなく、どれもごく普通のご家庭で起きた事例です。このような泥沼の「争族」トラブルは、どなたにも起こりうる問題なのです。

もっとも、これまでにご紹介した事例はいずれも、これからご紹介する対策を講じていれば防げたものばかりです。

そこで私は、これまでの事件を振り返り精査・分析したうえで、相続人の有無やパターンごとに実行すべき対策を考えてみました。

2　公正証書遺言のススメ

「争族」対策の基本は、何はさておき「遺言書の作成」です。ここでは、具体的な対策について述べる前に、まずは遺言書の種類とそれぞれのメリット・デメリットについて、ご紹介します。

遺言書の種類とメリット・デメリット

遺言には大きく分けて、自筆証書遺言と公正証書遺言とがあります。

自筆証書遺言は、遺言者が一人で手軽に作成することができる、時間や費用がかからない、というメリットがありますが、他方で、①偽造・変造されるおそれがある、②紛失・隠匿・破棄されてしまうおそれがある、③家庭裁判所の検認の手続が必要である、④後日、遺言の有効・無効をめぐって紛争が発生しやすい、というデメリットがあります。

相続法の改正により新たに創設された遺言書の保管制度を利用すれば、①、②及び③のデメリットは解消されますが、④のデメリットはどうしても解消しきれません。

他方、公正証書遺言は、時間や手間（おおよそ1～2か月程度）、費用（弁護士費用も含めるとおおよそ10万円～20万円程度）がかかる、というデメリットがありますが、①家庭裁判所の検認の手続が不要であること、②遺言書の原本が公証役場で保管されるため、偽造・紛失・改ざんのおそれがないこと、③自筆証書遺言と比べ、遺言能力や形式面等の不備をめぐって有効性を争われる可能性が低い、という大きなメリットがあります。

このため、紛争を未然に防ぐという遺言作成の大きな目的を考えると、可能な限り公正証書遺言を作成すべきと私は考えます。実際にセミナーやご相談の際にも、必ず公正証書遺言の作成をお勧めしています。

公正証書遺言の作成の流れ

公正証書遺言は公証人が作成するため、公証役場の公証人と事前にやりとりをすることになります。

公正証書遺言の作成支援を依頼された場合、①戸籍謄本や住民票、不動産の登記事項証明書、固定資産評価証明書、印鑑証明書等、必要書類を収集し、②依頼者から聴き取った内容をもとに遺言書の原案を作成したうえ、③公証役場に必要書類と遺言書の原案をファックス等で送り、公証人に事前に確認してもらいます。そして、④公証役場から公正証書遺言の文案がファックス等で送られてきますので、その内容を確認して問題がなければ、公証役場に出向く日程を調整します。⑤公正証書遺言の作成には実印の押印が必要なため、依頼者には実印を持参してもらったうえで、調整した日時に依頼者と私とで公証役場に出向き、公正証書遺言を作成してもらいます。

公正証書遺言の作成には遺言者と利害関係のない証人2人以上の立会いが必要とされていますので、通常、2人のうちの1人は弁護士である私が証人となり、もう一人の証人については公証役場で紹介してもらうことにしています。その場合、公正証書遺言の作成手数料の他に証人に対する謝礼として、5000円程度が必要となります。

なお、遺言者が病気で入院しているような場合、公証人に依頼して病院等に出張してもらったうえで、公正証書遺言を作成することもできます。その場合は、作成手数料が通常の1・5倍になる他に、別途、出張日当・交通費を支払う必要があります。

3 相続人の有無・パターン別の対策

「争族」対策の基本は「遺言書の作成」であり、「遺言書」の中でも前述したように、「自筆証書遺言」ではなく、「公正証書遺言」のほうがメリットは大きいことがお分かりいただけたかと思います。

では次に、相続人の有無・パターン別に実行すべき対策を挙げてみます。

(1) 相続人が「配偶者と子」の場合
公正証書遺言（※遺留分に配慮）＋「配偶者居住権」の活用

最も一般的な類型である相続人が「配偶者と子」の場合の対策は、公正証書遺言＋「配偶者居住権」の活用です。

相続人が「配偶者と子」のパターンの場合、後述するように、相続法の改正で今年（2020年）の4月1日から施行された「配偶者居住権」の制度を活用することも検討に値します。

具体的な遺言の内容は遺産の内容によっても異なりますが、以下の点に注意することがポイントです。

遺言の内容の具体的なポイント

① 「全ての」や「一切の」という文言はなるべく使わない

財産については、「全ての預貯金」や「一切の有価証券」という包括的な書き方ではなく、各相続人に財産の内容がわかるように、できる限り具体的な内容を特定して網羅的に記載することが重要です。というのは、具体的に記載しないと他の相続人が疑心暗鬼になり、自分の遺留分が侵害されているのではないかと考えて紛争の火種になるからです。

② 遺留分に配慮する

遺留分を侵害しないように注意することはもちろんです。配偶者と子の取り分を法定相続割合とは違う割合に変えることも自由ですが、その場合でも「遺留分」に配慮し「遺留分」を侵害しない内容にすることが重要です。せっかく遺言を作成しても、遺留分を侵害しているために遺留分をめぐって争いになることは多々あります。

③ 「割合的」な遺言にしない

たとえば「妻〇〇に財産の〇分の〇を相続させる。子〇〇に財産の〇分の〇を相続させる」といった「割合的」な遺言をたまに見かけることがありますが、このような「割合的」な遺言は避けるべきです。というのは、このような遺言にすると、結局は相続人間で遺産分割協議をしなければならなくなるため、せっかく遺言を作成した意味がほとんどないからです。

遺言を作成する場合は、必ずどの財産を誰に相続させるのかを具体的に特定する「特定財産承継遺言」にするべきです。

④　「祭祀主宰者」についても言及しておく

お墓の管理を誰がするのかなどをめぐって争いになることもあるため「祭祀主宰者」についても言及しておくほうがよいでしょう。

⑤　貸金庫がある場合は貸金庫についても言及しておく

金融機関と貸金庫の契約をしている場合には、必ず中身をきちんと整理しておき、遺言でも貸金庫の中身に触れておくことが必要でしょう。

⑥　「付言事項」の活用

遺留分は侵害しないまでも、遺言により他の相続人よりも取り分が少なくなる相続人が不満を持つことは否定できません。

そこで、他の相続人の取り分を多くする理由を「付言事項」として記載しておくと、紛争の予防につながります。

たとえば、生前に自分の身の回りの世話や介護をしてくれた相続人に報いようとする場合に、そのことが理由でその相続人の取り分を多くしたということを付言事項に記載しておくのです。そうすれば他の相続人は、自分の取り分が少なくなったとしてもその理由がわかるので、不満をもつおそれが低くなると考えられます。

⑦　遺言執行者を指定する

遺言書を作成する場合には、遺言の内容を円滑に実現するために遺言執行者を指定することが重要です。遺言執行者には相続人を指定することもできますが、取り分の多い相続人を遺言執行者に指定すると、取り分の少ない相続人から不満を持たれるおそれもありますので、遺言執行者には弁護士等の第三者たる専門家を指定し、遺言書の謄本（写し）を預けておくことをお勧めします。

公正証書遺言を作成して遺言書の写しを遺言執行者に預けておけば、ご自身がお亡くなりになったあとに遺言執行者が粛々と遺言の内容を実現するため、これまでご紹介したような骨肉の争いは起きようがないのです。

その他のポイント（生命保険を有効に活用する）

遺産が自宅不動産のみ、あるいは自宅不動産とわずかな預貯金のみという場合は特に要注意です。遺言で自宅不動産を特定の相続人に相続させると、遺留分を有する相続人がいるときは遺留分に対する手当がなく、遺留分をめぐって紛争になるおそれがあります。

そこで生命保険を活用し、自宅不動産を相続させる者を生命保険金の受取人に指定しておきます。そうすることで、自宅不動産を相続した相続人は、受け取った生命保険金を他の相続人の遺留分侵害額の支払いにあてることができます。

ここで「そもそも、遺留分が侵害される相続人を生命保険金の受取人にしておけばいいのでは？」と疑問に思われた方もいるかと思います。

しかし注意が必要なのは、生命保険金の受取人を自宅不動産を相続しない相続人に指定するとどうなるかというと、生命保険金は「相続財産」ではなく受取人の固有の権利であるため、生命保険金を受け取った相続人は自宅不動産を相続した者に対してさらに遺留分の請求をすることが可能であり、紛争の予防にならないのです。

(2) 相続人が「子のみ」の場合
公正証書遺言（※遺留分に配慮）

相続人が子のみの場合も、何らの対策もしておかないと、ご自身の亡くなったあとに遺産をめぐってお子さんたちきょうだい間の骨肉の争いに発展することも決して少なくありません。

この場合の対策も、公正証書遺言の作成が有効です。そして、具体的な遺言の内容については、「配偶者居住権」の活用以外は前述(1)のポイントに注意することが重要です。

(3) 相続人が「配偶者のみ」の場合
公正証書遺言（相互遺言）＋第三者に遺贈

お子さんがなく相続人が配偶者のみの場合、自分が亡くなったら全財産を他方の配偶者に相続させるとの公正証書遺言をお互いに作成し、信頼できる第三者たる専門家を遺言執行者に指定したうえで遺言書の写しを預けておけば何の問題もありません。

なお、配偶者が亡くなったあとに残された方も亡くなると、もしも遺言を作成していないとその財産をめぐり、相続人ではない親族が相続財産管理人の選任申立てをしなければならなくなります。そのため、ご自分が亡くなったあと、ご自分の財産をどうするかをよく考えて、相続人ではないご親族に「遺贈」するか、世話になった第三者に「遺贈」するか、慈善団体に「遺贈」するかなど、決めておくのがよいかと思います。そうしないと最終的には、その方の財産は国庫に帰属することになります。

(4) 相続人が「配偶者ときょうだい」の場合

(3)と同じ（きょうだいには遺留分なし）

配偶者との間に子がなく、相続人が配偶者とご自身のきょうだいの場合、もし、何らの対策もとらなければ、配偶者ときょうだいとの間で遺産分割をめぐって争いになるおそれもあります。

このため、残された配偶者に配慮したいのであれば、自分が亡くなったら全財産を配偶者に相続させる旨の公正証書遺言を作成しておくべきでしょう。

なお、この場合、きょうだいにはそもそも「遺留分」がありませんので、全財産を配偶者に相続させるとの遺言があっても、きょうだいから配偶者に対して遺留分の請求をすることはできませんから遺留分をめぐる争いが起こる心配はありません。

あとは、前述の(3)と同様です。

(5) 「独身で相続人がきょうだいのみ」の場合
公正証書遺言(きょうだいには遺留分がないので自由)

ご自身が独身で相続人がご自身のきょうだいのみの場合、公正証書遺言の作成が有効ですが、きょうだいが複数の場合でも前述のとおり、きょうだいには遺留分がありませんので、遺留分に配慮する必要はなく、どのような取り分にするかは全くの自由です。

もちろん、きょうだいではなく、第三者に遺贈することも自由です。

(6) 「内縁の配偶者と子」の場合
公正証書遺言(※子の遺留分に配慮)

夫婦の形にも様々な形があります。世の中には、法律上の婚姻関係にある夫婦だけではなく、そうではない事実婚のご夫婦も数多くいらっしゃると思います。

ただ、法律上の配偶者ではない内縁の配偶者には、コラム(192頁)でもご紹介したように、相続権がありません。

他方、以前婚姻していた配偶者との間に子がいる場合、配偶者と離婚したとしてもお子さんが相続人であることに変わりありません。そうすると、遺言を作成しておかないと、ご自身の財産は全て相続人であるお子さんが相続することになります。

このため、内縁の配偶者に財産を残したいと思ったら、内縁の配偶者に財産を「遺贈」する旨の遺言を作成しておく必要があります。もっとも、お子さんには遺留分がありますので、お子さんの遺留分を侵害しないように配慮した内容にする必要があります。

(7) 「内縁の配偶者ときょうだい」の場合
公正証書遺言（きょうだいには遺留分なし）

相続人がご自身のきょうだいのみで内縁の配偶者がいる場合、前述のとおり内縁の配偶者には相続権がありませんので、遺言を作成しておかないとご自身の財産は全て相続人であるきょうだいが相続することになります。

このため、内縁の配偶者にご自身の財産を残したいと思ったら、内縁の配偶者に財産を「遺贈」する旨の遺言を作成しておく必要があります。なお、前述のとおりきょうだいには遺留分がありませんので、全財産を内縁の配偶者に遺贈したとしても、遺留分をめぐる紛争になることはありません。

(8) 独身で相続人も内縁の配偶者もいない場合

公正証書遺言（特別縁故者等に遺贈）

ご自身が独身で相続人も内縁の配偶者もいない場合、遺言をきちんと作成していないと、債権者等の利害関係人が相続財産管理人の選任申立てをして、さらに、特別縁故者に対する相続財産分与の申立てをしなければならなくなりますし、最終的に財産が残った場合は国庫に帰属することになります。

そこで、ご自身が生前に親しくしていた親族や第三者（いわゆる特別縁故者）、あるいは慈善団体等に財産を「遺贈」する旨の遺言を作成しておくとよいでしょう。

(9) 相続人の中に行方不明者がいる場合

公正証書遺言

相続人の中に行方不明者がいる場合、何も対策をしておかないと、36頁の事例でご紹介したように、残された相続人が行方不明の相続人の所在調査をしなければなりません。また、所在が判明しない場合は、不在者財産管理人の選任が必要になり、多大な時間、労力、費用がかかることになってしまいます。

そこでこのような場合、行方不明者を除外した相続人に財産を相続させる旨の遺言を作成することが適切でしょう。

もっとも、行方不明者が現れた場合に遺留分の請求をめぐって争いとなる可能性がゼロではないですが、この点のリスクはやむを得ないものと考えるしかないと思います。

⑽ どうしても相続させたくない相続人がいる場合

●遺留分を持つ相続人（配偶者や子）がいない場合（相続人がきょうだいのみの場合）
この場合は、遺言を作成して第三者に全財産を「遺贈」するとの公正証書遺言を作成しておけば何の問題もありません。

●遺留分を持つ相続人（配偶者や子）がいる場合
この場合は、事例でご紹介したように「廃除」の制度の利用を検討するしかありません。

ただし、前述のとおり「廃除」はハードルが極めて高いため、利用するかどうか、利用するとして、生前廃除にするか遺言廃除にするかは慎重に検討する必要があります。

そして、廃除が認められない場合の遺留分請求に備えて、遺留分の請求を受ける可能性のある相続人を生命保険金の受取人に指定して遺留分侵害額の支払いの原資を確保してあげるなどの対策をとることが必要でしょう。

4　遺言執行者（又はその代理人）は弁護士が適任！

前述したとおり、遺言執行者に相続人を指定することもできます。

しかし遺言執行者は、就任してから業務の完了までに概ね次のような業務を行わなければなりません。

・戸籍謄本等を収集して相続人を確定
・就任承諾をした旨を相続人全員に通知
・相続財産の調査をして財産目録を作成し、相続人に交付

・遺産に不動産がある場合は法務局での登記申請手続
・各金融機関での預貯金等の解約・払戻し手続
・証券会社での株式等の名義変更・売却手続
・その他の財産の売却・換価手続
・遺言の執行状況の報告と完了の業務報告
・遺言執行の妨害をしている者がいる場合はその者の排除
などなど…

これだけ見ても相当な業務量であり、非常に大変そうではないでしょうか？仕事を抱えた方ですとなかなかスムーズに進めることは難しいでしょうし、金融機関も法務局も基本的には平日の日中しか対応してくれませんので、お仕事を休んで対応しなければならず負担も大きいかと思われます。

これに加えて、遺言の内容に不満を抱えている相続人や執行が円滑に進まないことで不満を募らせる相続人からの非難を受けることもあり、せっかく遺言を作成して遺言執行者まで指定したのに、親族間での紛争に発展する可能性もあります。

「なぜ俺ではなく、お前が遺言執行者なんだ!?」

「本当にこれが遺産のすべてなのか？」
「早く手続を進めろ。遅いぞ」
など、ただでさえ負担が重い遺言執行業務を抱えながら、不満を抱える相続人との対応にも追われることになります。

この点、相続手続に精通した弁護士を遺言執行者に指定した場合には、ストレスを感じる非常に煩雑な業務や精神的な負担から相続人は解放され、また、執行手続も円滑に進み、結果として早期に財産を取得することができます。

また、法律の専門家である弁護士が第三者として公平中立な立場から手続を進めることで、相続人間の不信感や不満が生じることを防ぐことも可能です。

このように、残された家族がもめないために遺言書を作成するのであれば、あらかじめ弁護士を遺言執行者に指定しておくか、そうでない場合には、遺言の執行を相続問題に詳しい弁護士に委任するのが望ましいといえるでしょう。

5　「配偶者居住権」の活用

　前述したように（216頁）、相続人が「配偶者と子」の場合、配偶者が自宅に住み続けられるように、「配偶者居住権」を活用することも検討に値するでしょう。

「配偶者居住権」とは、相続法の改正により創設された権利で、今年（2020年）4月1日から施行されて利用することができるようになりました。

　これまでは、配偶者が死亡した場合に、残された配偶者が引き続き生涯にわたって自宅に住み続けるためには、通常、他の相続人（子）と遺産分割協議をして残された配偶者が自宅の所有権を取得する必要がありました。

　しかし、そうすると、残された配偶者は自宅の評価額を差し引かれた相続分となるため、預貯金等の自宅以外の流動資産の取り分が減少してしまい、老後の生活資金の確保に困るという問題がありました。この点、配偶者居住権の新設により、この不都合が大きく改善されることになりました。左のイラストのように、遺言を作成して配偶者に対し「配偶者居住権」を「遺贈」すれば、配偶者は自宅に住み続けられるうえ、老後の生活費も確保でき、老後の生活を安心して過ごすことができるようになります。

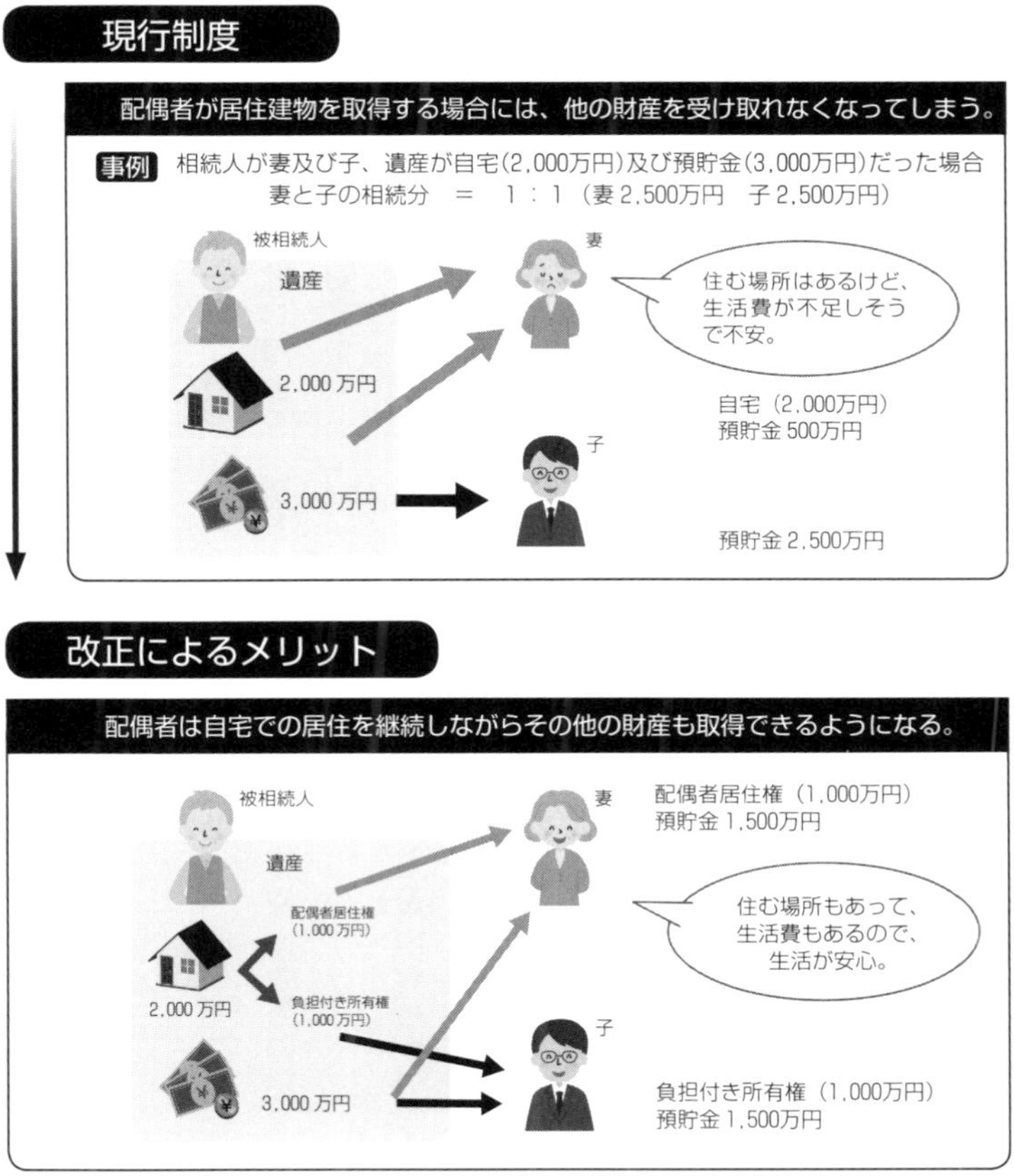
現行制度
配偶者が居住建物を取得する場合には、他の財産を受け取れなくなってしまう。
事例 相続人が妻及び子、遺産が自宅(2,000万円)及び預貯金(3,000万円)だった場合
妻と子の相続分 = 1:1(妻2,500万円 子2,500万円)
被相続人
遺産
2,000万円
3,000万円
妻
住む場所はあるけど、生活費が不足しそうで不安。
自宅(2,000万円)
預貯金500万円
子
預貯金2,500万円
改正によるメリット
配偶者は自宅での居住を継続しながらその他の財産も取得できるようになる。
被相続人
遺産
配偶者居住権(1,000万円)
負担付き所有権(1,000万円)
2,000万円
3,000万円
妻
配偶者居住権(1,000万円)
預貯金1,500万円
住む場所もあって、生活費もあるので、生活が安心。
子
負担付き所有権(1,000万円)
預貯金1,500万円

(出典)法務省ウェブサイト

6　任意後見契約の活用

事例でご紹介したような生前の使い込みなどの使途不明金の問題を極力避けるため、自分が認知症などに罹患したときに備えて、信頼できる親族や士業等の第三者と任意後見契約を結んでおくことが有効です。

というのも、自分が認知症などになってしまい、財産の管理ができなくなってしまったあとに、同居している子や近くに住んでいる子などが財産を使い込むことが非常に多いからです。信頼できる親族や士業等の第三者と任意後見契約を事前に結んでおくと、自分が認知症などになった場合、任意後見受任者が家庭裁判所に後見監督人の選任の申立てをすることになっており、任意後見契約は、家庭裁判所が後見監督人を選任した時から効力を生じることになっています。

なお、裁判所が選任する任意後見監督人は、弁護士や司法書士等の専門職であることが一般的です。このため、自分が認知症などになり、自分で財産管理ができなくなってしまったあとは、裁判所が選任する弁護士等の専門職の任意後見監督人による監督のもと、信頼できる親族や士業等の第三者が任意後見人として財産管理等を行うことになり、親族による生前の使い込みなど、使途不明金問題を極力避けることが可能になるのです。

7 認知症対策として注目される「家族信託」（参考）

認知症対策として、近年「家族信託」という制度が注目されており、家族信託に関する書籍もたくさん出版されています。ここでは、ご参考までに家族信託について簡単にご紹介します。ご関心のある方は、他の家族信託に関する書籍をお読みいただければと思います。

「家族信託」とは？

「信託」とは、文字どおり自分の財産の管理・処分について、相手を「信」じて「託」すことをいいます。

信託は、特定の人に財産を譲渡し、その人が一定の目的に従い、財産の管理又は処分等の目的の達成のために必要な行為をすべきものとされています。

「家族信託」とは、信託銀行等を利用した営利目的の「商事信託」ではなく、自分の老後（特に、認知症などになった場合への対策）や死亡後の財産の管理・処分を信頼できる家族に託す、家族の、家族による、家族のための信託のことをいいます。

「家族信託」のメリットは？

遺言と異なる「家族信託」ならではのメリットは大きく分けると次の2点です。

① 数世代先までの相続先を指定できる

② 認知症対策として、成年後見人が選任された場合には困難である資産の積極的活用や処分が可能となる

「家族信託」の活用例は？

たとえば、推定相続人は同居する長男と嫁いだ長女の2人で、主な財産は自宅と近隣のア

パートで、「同居して面倒をみてくれた長男に多くを相続させたいが、長女にもある程度のものを分けてやりたい」というような事例で、「家族信託」をどのように活用することができるのでしょうか？

まず、長女の遺留分に配慮したうえで「全財産を長男に相続させる。長男は長女に対し、遺産取得の代償金として、金〇〇万円を支払う」というような内容の遺言を作成したとします。

ただ、この遺言のみですと、ご本人が認知症などになった場合に、アパートの管理や節税対策が困難になってしまうリスクがあります。

そこで、遺言の作成と同時に家族信託を活用し、認知症になった場合のリスクを回避することが考えられます。

具体的には、全ての不動産を信託財産として、ご本人を「委託者兼受益者」に、長男を「受託者兼帰属権利者」、長女をご本人が死亡後に一定期間アパートの収益の半分の受益権を有する「第2受益者」と指定し、アパートはその一定期間経過時、自宅はご本人死亡時に信託が終了するとの信託を設定します。すると、ご本人の死亡により自宅は信託終了で長男に帰属し、その後、一定期間アパートの収益の半分は長女に支払われ、アパートは一定期間経過後に信託終了で長男に帰属することになります。そうすることで、ご本人が認知症などになった場合でも「受託者」である長男がご本人に代わってアパートの管理等を行うことができ、ご本人が認知症になった場合のリスクを回避することができるというものです。

もっとも、家族信託は遺言と異なり、あくまで「契約」なので、家族関係が良好でない場合にはそもそも契約を結ぶことができませんから、この手法も万全というわけではありません。

少し難しい用語も出てきますので、すぐに理解するのも容易ではないかもしれませんが、あくまでご参考までにご紹介するにとどめたいと思います。


〔紛争を未然に防ぐための生前対策のポイントのまとめ〕

- とにもかくにも、まずは遺言（公正証書遺言）の作成！
- 遺言は何度でも書き換えることができる！
- 遺留分をもつ相続人がいる場合には遺留分に配慮！
- 遺言執行者に弁護士を指定！
- 配偶者がいる場合には「配偶者居住権」の利用を検討！
- 認知症対策として、信頼できる親族等と任意後見契約を結んでおく！

おわりに

「争族」を予防するには生前対策が全て！

相続税対策は、税理士の専門分野ですので、本書では触れていません。もちろん、相続には相続税がついて回りますので、相続税への配慮を無視することはできません。

しかし、相続税法の改正により相続税の課税対象者が大幅に増えたといっても、相続税が課税されるのは発生した相続全体の約8％です。

これに対し、家庭裁判所に申し立てられる遺産分割調停事件等の相続関係の紛争は右肩上がりで増加の一途をたどっていますし、争いになっている金額の割合も、おそらく相続税が課税されない5000万円以下で争っているケースが約75％も占めていることからお分かりのように、相続トラブルの問題は一部の資産家だけの問題ではなく、相続税が課税されないごく一般的なご家庭でも起こりうるのです。

また、行き過ぎた相続税対策には、その後、ほぼ必ずと言っていいほど国が相続税逃れに対する対抗策を講じてきますので、現時点での相続税対策が将来も有効であるとは限らず、まさにいたちごっこです。

このように、将来も有効であるかどうかわからないような対策に時間や手間や費用をかけるのはごく一部の富裕層・資産家の方にお任せして、むしろ、ごく一般的なご家庭で必要なのは、誰の身にも起こりうる将来の「争族」への備えです。

これまで数多くの「争族」問題を目の当たりにしてきた弁護士としては、ごく一般的なご家庭の皆様が「争族」の発生を未然に防ぐ対策を行なっておくべきであると痛感しています。

何度も繰り返しになりますが、「争族」を防ぐには、ご自身の生前の対策しかありえません。そしてその最も簡単な方法は、これまでご紹介してきたように、遺言書、特に適切な内容の公正証書遺言の作成であり、誤解を恐れずに言えばこれに尽きると考えています。

遺言書は一度作成したらそれで終わりというわけではなく、何度でも書き換えができます。まずは、とにもかくにも、遺言書の作成から始めてみてはいかがでしょうか？

一定程度以上の財産（自宅不動産＋α）をお持ちの国民全員が適切な遺言を作成すれば、「争族」のほとんどをなくすことができると私は考えています。その結果として、弁護士の仕事が減ってしまっても、それはそれで仕方ない（?）とも思っています。

私は本書を執筆している現在は43歳ですが、私自身も60～65歳ころまでには、公正証書遺言を作成したいと考えています。

遺言は、その人の生前最後の意思表示です。残されたご家族の幸せのためにも、まずは遺言書の作成から始めてみましょう!

【著者紹介】

加藤剛毅（かとう　ごうき）

武蔵野経営法律事務所　代表弁護士

1977年埼玉県生まれ。早稲田大学法学部を卒業後、旧司法試験に合格。2004年に弁護士登録（第二東京弁護士会）をして都内の企業法務系事務所に計5年間勤務。2009年、地元埼玉弁護士会に登録換え。2014年、さいたま家庭裁判所家事調停官（いわゆる「非常勤裁判官」）に任官して4年間で約700件の事件を担当。埼玉県所沢市に現事務所を開設し、現在は中小企業法務の他、個人の相続案件に専門特化して活動中。

【企画協力】

インプルーブ　小山睦男

イラスト：茂垣志乙里

トラブル事案にまなぶ

「泥沼」相続争い 解決・予防の手引

2020年10月15日　第1版第1刷発行

著者　加藤剛毅

発行者　山本継

発行所　㈱中央経済社

発売元　㈱中央経済グループパブリッシング

〒101-0051　東京都千代田区神田神保町1-31-2

電話　03（3293）3371（編集代表）

03（3293）3381（営業代表）

http://www.chuokeizai.co.jp/

印刷／昭和情報プロセス㈱

製本／誠製本㈱

ISBN978-4-502-36111-1　C3032